WONDERFUL TIMES
越古老
越美好

原來，通向成功的捷徑是複製

IMITATING CAN BE THE GATEWAY TO SUCCESS

許汝紘暨編輯企劃小組——著

原來，通向成功的捷徑是複製

立功之本

立言之本

原來，成就不朽的秘訣是原則

財富之惑

克己之貴

原來，
通向成功的
捷徑是複製

立功之本

勾踐臥薪嚐膽

春秋末年會稽山，越王勾踐的行營內，勾踐正背著雙手，焦急的踱步。此時的勾踐正處於極度困難的境地，他被吳王夫差打敗，被困於會稽山，沒有辦法，他只好派史臣去吳王那裡求和，免得生靈塗炭，使自己的百姓遭殃。然而前去求和的大臣卻給他帶來了不好的消息：吳國的謀臣伍子胥拚命反對兩國議和，主張斬草除根，把越王勾踐一舉消滅。幸好勾踐派去的使臣知道吳國太宰（掌管王家內外事務的官員）伯嚭是個貪財的人，就給他送了不少金銀珠寶，很討伯嚭喜歡。拿人錢財，替人消災，伯嚭就多次在夫差面前替勾踐美言，請求夫差不要對勾踐那麼殘酷。最後，夫差答應與越國議和，但提出要越王勾踐及其夫人、大夫范蠡到吳國做俘虜才可以。對於一個諸侯王來說，這是何等屈辱的事情啊！但是為了使越國的百姓免遭塗炭，勾踐強忍住內心的憤怒與屈辱，來到了吳國。夫差的父親是被勾踐殺死的，對此，夫差記恨在心，於是就派遣勾踐去他父親的陵墓旁守護，同時還要他養馬。

勾踐就住在夫差父親陵墓旁的一間石屋中，屋中沒有任何擺設，只有一張石床，堅硬無比，石床上只放了些雜草，睡在上面不但硬而且涼颼颼的，每天起床渾身都會很不舒服。而石屋的門窗也早就裂開了很大的縫隙，冬天北風呼嘯，石屋內也被風吹得寒冷無比；夏天遇到大雨天，石屋裡也積滿了雨水。就是在這樣艱難的條件下，勾踐時刻牢記范蠡的話「小不忍則亂大謀」，他在心中不住的發誓：「此仇不報，誓不為人。」

對於夫差等人來說，日子過得真快，很快地，勾踐在吳國做俘虜已經好幾個月了。但是對勾踐來說，在吳國的每一天都是十分難熬的。勾踐盡心盡力的養馬，把馬養的膘肥體壯，自己倒消瘦了不少。伯嚭看到這些，就在夫差面前給勾踐說好話：「大王，您看，勾踐已經對吳國百般順從了，他一定不敢再有報仇的念頭了。」於是，夫差就親自到勾踐的石屋去看他。勾踐見夫差來了，就恭恭敬敬的拜倒在地。夫差叫人牽出一匹馬，看看說：「嗯，好馬，勾踐，你養馬養得不錯啊，你早就該給寡人來養馬了，哈哈！」說著，拍拍馬，馬嘶叫了兩聲。夫差罵道：「這畜生，還沒有勾踐順從，我白養活了你了。勾踐，我要騎馬，快快伺候著！」勾踐就連忙搬出馬凳，放在馬旁，夫差一腳踢開馬凳，說：「太高了！」伯嚭馬上給勾踐使眼色，勾踐就伏在地上，給夫差做馬凳，說：「大王，您請上馬。」夫差就有意狠狠踩勾踐的腦袋，還說：「蠢奴才，還不乖乖讓寡人踩。」勾踐看到夫差如此的羞辱自己，剛要發火，可是看看腰間的玉佩，想起自己的夫人當初送這玉佩給自己的時候所說的話：「見玉如見妾，無論如何都要忍住，切不可魯莽行事」，勾踐就含著淚，強忍住說：「大王，奴才該死，請大王上馬。」夫差得意洋洋的踩著勾踐上馬，還得寸進尺的說：「勾踐，你給本王牽馬，本王帶你看看吳國的大好山河，哈哈！」那笑聲中充滿了高傲和不屑。

勾踐低著頭為夫差牽馬，夫差趾高氣揚的坐在馬上，伯嚭、伍子胥等人緊隨其後，侍衛們就邊走邊敲鑼鼓，高聲喊：「大家快看呢，給大王牽馬的就是吳國的仇人勾踐！」路人聽到這些，紛紛拿起手中的雜物向勾踐拋去。勾踐絲毫不敢反抗，一忍再忍。日子一天一天的過去，雖然夫差總是找機會試探勾踐，但是勾踐每次都是小心行事，讓人絲毫看不出他有復仇的跡象。日子久了，夫差就漸漸對勾踐放鬆了警惕。

後來，夫差得了重病，久治不癒，吳國上下處在恐慌之中。勾踐就前來求見，聲稱略懂醫書，只要嚐嚐吳王的糞便就能通曉吳王病情的輕重了。夫差驚奇的張大了嘴巴，說：「什麼，你嚐寡人的……？」說著，勾踐就從簾子後面出來，說：「恭喜大王，我從您的便中嚐到了甘味，這表明您身體中的毒素已經排出來了，臣斷定三日之內，您就會痊癒。」其實，這是勾踐事先送錢賄賂御醫，打聽清楚了夫差的病情後，才去演的一齣苦肉計。而蒙在鼓裡的夫差卻在感動之餘，答應只要自己的病能在三日內痊癒就放勾踐回國的諾言。

就這樣，勾踐終於回到了自己的國家。他回國後，把國家朝政交給文仲管理，把練兵習武的事交給范蠡管理，自己則住在宮殿外的一間茅草屋中，夜裡睡在茅草上，白天舔嚐掛在房樑上的苦膽，時時不忘自己在吳國的屈辱。而此時的夫差卻沉浸在笙歌豔舞之中，不理朝政，還不聽伍子胥的勸告，執意出兵齊國。大勝回來，夫差又大興土木，結果勞民傷財，激起百姓不滿。伯嚭和伍子胥本來就不和，這次，伯嚭就藉口伍子胥出使齊國時把自己的兒子託付給齊國大夫這件事，說伍子胥有背叛之嫌，蠱惑夫差殺死伍子胥。伍子胥看到夫差聽從讒言，一意孤行，不禁仰天長歎：「亡國之日不久矣！」

一年以後，勾踐就率領大軍進攻吳國，把吳國的軍隊圍困在姑蘇山上長達三年之久。吳王沒有辦法，只好派伯嚭去找勾踐求和。伯嚭見風使舵，改投越國。勾踐知道他是個貪財忘義的小人，但畢竟伯嚭曾經有恩於自己，於是並沒有收留他，而是送給他金銀珠寶，讓他另謀生路。但是天網恢恢，疏而不漏，伯嚭終究被夫差抓了回來，並將其處死。後來夫差被越國軍隊俘虜，勾踐念他當年對自己的不殺之恩，願意放他一條生路，但是夫差覺得無臉苟活於世，自刎身亡。

觸類旁通

越王勾踐臥薪嚐膽，終於報了仇。古代人們常常用「臥薪嚐膽」這個詞來激勵自己，而今天人們用「臥薪嚐膽」更多的是為了強化自己的意志，以克服一般人難以克服的困難。

為了實現某種目的，就需要為了它而付出艱苦的努力，在實現這種目的或志向的過程中，需要你有堅強的意志力。因為意志能調節人的理性意向，是決定人的活動的重要原因，它是為了一定的目的和需要服務的。

李冰治理岷江

戰國時期，蜀地岷江一帶每到汛期洪水氾濫，百姓的房屋、田地都被洪水淹沒，人們生命和財產受到了極大的損失，人民苦不堪言。這更引起了朝廷的關注，秦昭王每到這個時節就會因為岷江一帶的洪災而頭疼，於是秦昭王就召集文武百官商量治理岷江的對策。大臣們誰都知道這是一件艱鉅的任務，自古以來，岷江就是洪水多發的地區，要治理好這個地方談何容易？當秦昭王問起誰願意擔當治理岷江的任務時，大臣們都低下了頭，默不作聲，只有李冰一人挺身而出，願意前往蜀都治理岷江。秦昭王非常高興，賞賜給他重金，並封他為蜀都太守。

李冰一到蜀地，百姓們非常高興，多年來不斷忍受洪水襲擊的百姓，真的害怕極了，他們迫切希望朝廷能夠派人來治理岷江。現在李冰來了，他們對李冰寄予厚望。可是當地的財主們卻對此並不滿意，他們害怕岷江治理好了，百姓就可以豐衣足食，那時候他們囤積的糧食就不能高價賣給百姓了，因而他們想盡辦法阻止李冰治理岷江，但是最終都被李冰識破。李冰堅定治理岷江的決心，任何困難和外力都無法阻止他。

蜀郡前任太守一心治理岷江，修築堤壩幾十年，但都沒有取得實質性的進展，這次聽說李冰是朝廷派來專門治理岷江的，對他的到來非常歡迎，還特地設宴招待李冰。李冰到任後並不急於行動，只是每天尋訪百姓，查看岷江四周的地形，老百姓開始對他還很熱情，可是漸漸地看李冰並不行動，就對他產生了懷疑，認為他是徒有虛名，並不幹實事。此時，那些黑心的財主們就伺機造謠，說李冰根本就不是來治理岷江的，他來蜀地，純粹是為了博得大王的歡心，好加官晉爵。百姓們聽了這些話，開始對李冰產生反感的情緒，到處都在議論李冰的不是。李冰的二兒子看到父親受到如此的侮辱，就督促父親早點拿出治水的方案，以免百姓們誤解。可是李冰卻滿不在乎地說：「治理岷江是件大事，不可操之過急。前幾任太守都曾經治理過岷江，但是他們築的堤壩屢修屢垮，勞民傷財，既然要治理，就該把它徹底治理好。」

兒子明白了父親的心思，於是一心幫助父親考察地形，制訂方案。自上任以來，李冰認真考察了岷江的地形，總結了前幾任太守修築堤壩的經驗和教訓，力圖找到一個科學合理的方案徹底治理好岷江。在尋訪和勘查的過程中，李冰漸漸明白，要徹底地治理岷江洪水，光靠築高堤是行不通的，必須採取疏通的辦法。但是，如何疏通卻是個難題。一天，李冰和兒子在河旁一邊散步一邊商量疏通的對策，正在苦惱之際，李冰突然看見一頭水牛懶洋洋的伏在水裡，脊背露在外邊，水流從兩側流過。他一拍腦袋，頓時茅塞頓開，想出了疏通的方案。

於是，李冰立刻命人在江心修築一座人工的島嶼，島尾像一個梭子，取名為「飛沙堰」，既能排洪又能灌溉。老太守對李冰的做法並不理解，怒氣沖沖的上門質問李冰。李冰好言解釋，老太守卻置若罔聞。財主們看到「飛沙堰」更加惶恐起來，因為這個工程一旦完工，防禦洪水不說，老百姓的灌溉也不成問題了，這樣，他們的糧食只能爛在糧倉裡了。正在焦慮之際，他們聽說老太守對李冰不滿，於是想出了一個對付李冰的辦法。他們籌集了一筆數目不大的銀子送給老太守，說是捐做治理岷江之用。老太守甚為欣慰，感激得不得了。財主們趁機蠱惑，說李冰治理岷江的方案乃是沽名釣譽、勞民傷財，完全是為了自己的仕途，老太守聽了怒不可遏。李冰這個時候剛好來拜見老太守，老太守正在氣頭上，大罵了李冰。

當晚，大雨滂沱，洪水波濤洶湧，水位迅速上漲。當洪水快要漫過岸邊時，前方的飛沙堰開始洩洪，水位又降了下來。李冰和兒子見飛沙堰確實起了作用，非常的欣慰。但是財主們卻偷偷派人將飛沙堰挖開決口，頓時洪水蔓延，流到岸上，岷江決堤了。在這千鈞一髮之際，老太守親自帶人將大堤堵上。人們對李冰的成見更深了，李冰成了孤家寡人，只有他的兒子還在他的身邊支持他。但是，李冰卻沒有放棄，他帶著兒子繼續修築飛沙堰。同時，他也隱約感覺有人在背後搗鬼，但是沒有找到確切的證據，心裡也多了幾分提防。

李冰繼續完善方案，找到了洩洪的關鍵所在，下令徵集勞力開鑿伏龍山。這對於常年不堪勞役之苦的百姓而言，無異於雪上加霜，頓時民怨沸騰，財主們更是趁機煽動，於是全城的百姓聚集在太守府，要將李冰趕出蜀地。緊急時刻，老太守出現了，李冰本以為是救星來了，可是誰知卻是老太守嚴厲的警告「不得開鑿伏龍山」。李冰無奈，只好帶著兒子親自開鑿伏龍山，同時也設法找出暗中作梗的人，以還自己清白，讓百姓理解自己的苦心。

最終，李冰父子的執著感動了百姓，一個財主的僕人挺身而出，與財主們當場對質，揭露他們破壞飛沙堰的陰謀，使真相大白於天下。老太守這才醒悟過來，不斷的捶頭自責。但是，老太守對於開鑿伏龍山一事還是有些疑慮。後來，當他親眼目睹李冰父子為開鑿伏龍山而身受重傷的時候，終於被兩人的行為所感動，於是帶領眾人一起開鑿伏龍山。伏龍山開鑿完工的當年，岷江遭遇了史無前例的大洪水，但是岷江周圍的百姓卻安然無恙，堤壩成功地完成了洩洪的任務。自此，成都平原成了真正的「天府之國」。

觸類旁通

自大禹之後，李冰是我國歷史上最著名的水利專家，他所修築的都江堰也和桂林的零渠並稱為我國古代的兩大水利工程。李冰在治理岷江洪水時所遭遇的最大困難並不是洪水災害本身，而是一些別有用心的壞人的肆意阻撓和破壞。但是，即使在各種局勢對自己如此不利的形勢下，李冰仍然沒有忘記黎民百姓的重託，堅決的將洪水治理到底。

不畏艱難和阻撓，為了造福於當地的百姓，李冰從未放棄自己的理想和使命，因此他終於感動了當地的太守和百姓，直接開闢了著名的「天府之國」。

觀鼠慨歎人生志

李斯是楚國上蔡縣人，他出生在一個農民的家庭，雖然家裡有一些土地，生活比較富裕，但因不是高門大姓，不能依靠祖上洪福，個人前途還要靠自己去拚爭。

上蔡在漢時屬陳郡，陳郡就是陳縣，陳縣在戰國後期是楚國的都城，荀卿晚年在陳縣授徒講學。李斯年輕時在陳縣郡治府內做小吏，管理文書一類的事務。有一天李斯上廁所，見一群老鼠在吃人的大便，一見生人就驚慌四散。又一天，李斯因事到了糧庫，見一群一群碩大的老鼠在糧倉中大搖大擺偷吃糧食。糧倉很少有人光顧，倉中老鼠不常見人，沒有懼怕感，所以自由自在吃糧食。同樣是老鼠，而廁中的老鼠吃的是糞便，不潔而時時受驚擾；倉中老鼠吃的是美食，卻沒有人的騷擾。這真是一個在天上，一個在地下，相差太懸殊了，原來是所處的地位不一樣。於是，李斯感慨萬端地說：「一個人的才能和命運如何，就如同這些老鼠一般，就看他是處在什麼樣的環境之中罷了。」李斯由此暗暗立下大志，決定要成就一番大事業。他師從荀卿，潛心研讀帝王之道等儒家治國之術。

一晃數年，李斯早已經成為滿腹經綸之士。他躊躇滿志地對當時的天下形勢做了深入全面地分析，認為其實東方六國皆已衰弱，不堪一擊，是不足以讓他有所作為的。只有秦國正蒸蒸日上，剛剛繼位的秦王嬴政雄心勃勃，大有一統天下之勢。李斯認為這是他大展宏圖，成就事業的好機會，於是他辭別荀卿，來到秦國，投身於秦國丞相呂不韋家中做了門客。呂不韋十分欣賞李斯雄辯的口才和他精闢獨到的見解，經常讓他陪伴左右，一起暢談天下大事。最後推薦李斯入宮為郎官，侍從秦王，李斯得以向秦王言事。

一天，李斯對秦王說：「現如今六國都已疲憊衰弱，而秦國日益強盛，以大王您的賢能，足以掃平六國，統一天下，成就帝業。如果此時不抓住時機，等到六國聯合起來，您再做打算，恐怕就太遲了。」

秦王嬴政聽了李斯這番話，心中豁然開朗。不由得對李斯刮目相看，立即封他為長史，並採納了李斯的離間之計，派能言善辯之士攜帶金銀珠寶到各諸侯國遊說，離間各諸侯君臣關係，網羅天下有識之士，對於不能收買利用的人就派刺客殺掉。李斯的計謀，為以後秦國實行各個擊破，完成天下統一奠定了基礎。

觸類旁通

透過兩處不同的老鼠的境遇，少年時的李斯瞭解到一個人的才能和命運是時刻相連的。有些人過著錦衣玉食無憂無慮的奢華生活卻並不感覺到幸福，而有些人卻空有一身的才華卻難以得到施展的機會，一個人的理想和志向再遠大，也必須為自己爭取到足夠的機會和舞臺。

李斯出身並不太好，只是一個稍微富裕的農家而已，但是他的理想和抱負卻是治國平天下，為此他不斷地提高自己，並且冷靜地審時度勢，終於投奔到當時日漸強盛的秦國嬴政那裡，終於為秦朝的統一六國做出了自己應有的貢獻。

彼可取而代之

項羽是楚國下相縣人，項氏是楚國的世代名將。項羽的祖父就是戰國末期楚國的大將項燕。項燕率領楚軍抗擊秦軍，打敗了秦國征楚的大將李信，打敗二十萬秦軍。秦王改用王翦為將，並派出六十萬大軍交由王翦指揮。項燕抗擊秦兵六十萬的進攻，整整一年，終因寡不敵眾，項燕最後兵敗自殺。秦王統一六國稱帝後，通緝六國貴胄遺民，項羽家族在通緝名單中。項羽由他的叔叔項梁帶著，隱姓埋名，避難吳中。項氏叔侄懷著國仇家恨暗中結納豪傑，等待時機，造反報仇。項梁結識了會稽太守殷通，每有大徭役或地方大事，殷太守都委託項梁操辦，項梁就用兵法組織徒眾，做訓練骨幹的準備。

項羽身高八尺，合今一米九的高個頭，身體壯實，臂粗腰圓，聲如洪鐘，力能扛鼎。項羽年少氣盛，性格粗獷，才氣無雙，吳中子弟都懼怕他。項羽好俠任武，團結了許多吳中同齡青年。他們受項羽影響，都愛使槍弄棒，習尚武勇。項梁起兵時，精選招募，整編了這支吳中青年隊伍有八千人，稱江東子弟。八千江東子弟成了項氏打天下的精兵骨幹。

項羽幼年時，項梁教他讀書認字，項羽沒有耐心。項羽成年後，項梁讓他學擊劍，項羽熱了三天又冷下來。項羽學文不成，習武不就，項梁大怒，狠狠地訓斥項羽一頓，說：「國仇家恨，怎能依靠你這個懶惰子弟！」不料項羽並不慚愧，他不慌不忙回答說：「學習讀書寫字，只不過會記住姓名，學習擊劍，只有匹夫之勇，我要學習兵法，指揮千軍萬馬！」這一席豪邁之言，使項梁大為驚訝，於是悉心教導項羽學習兵法。可是項羽生性粗獷、急躁，「略知其意，又不肖競學」。項羽對行兵佈陣很感興趣，而對戰略戰術不甚精通。這是項羽習武學兵法的長處與短處，日後都得到了實踐的回報。項羽善於野戰、攻堅、克敵，所向披靡，而設謀智取不擅長，終於敗在了韓信手下，成了一個悲劇英雄。這是後話，我們暫且不說。

秦始皇統一天下，為了鞏固政權，他不斷巡行全國四方，炫耀武功，鎮壓反抗勢力，當時稱為鎮壓天子氣。戰國末，楚國抗秦最堅決，秦朝對楚地的統治實行高壓政策，招致楚地人民的不滿。當時楚地流行一首政治歌謠，其中兩句是：「楚雖三戶，亡秦必楚。」西元前二一〇年冬，秦始皇又一次出巡，重點到東南江浙一帶鎮壓天子氣。秦始皇一行威儀整肅，十分壯觀。當年項羽二十二歲，已經是一個英武的少年。吳中這次接待秦始皇，是少有的大徭役。項梁主持，把項羽放到最近處，以便觀覽秦始皇。秦始皇在遊浙江的時候，項氏叔侄一起陪同觀覽。項羽不覺脫口而出：「彼可取而代也。」站在項羽身後的項梁連忙用手捂住項羽的嘴巴，小聲說：「休得胡說，這是要滅族的。」項梁嚇了一身冷汗，口裡小聲責備項羽，但心裡一陣熱乎，他驚異項羽的壯志，藐視秦始皇，竟然要取而代之。項羽對秦始皇的仇恨與蔑視，都在這一句「彼可取而代也」的話語中。項羽日後打仗，驍勇善戰，特別不怕秦兵，這是他少年壯志的思想境界鑄成的，無人可比。

觸類旁通

力拔山河兮的楚霸王項羽，自小是個只懂舞刀弄槍的粗人，但是他有其他亡國之人所沒有的志向——推翻秦王朝的統治，恢復楚國的領土，在別人都去讀書習字或者練習武功的時候，項羽卻整天想著如何熟悉兵法陣形，希望將來有一天能夠親手滅掉秦始皇。後來的結果證明了，正是這位有千鈞神力的楚霸王，一舉率軍擊潰了貌似強大的秦王朝。

一個人的志向和理想，是應該從小就確立的，只有像項羽這樣自小時候就念念不忘要滅掉秦國恢復楚國，才能在以後的人生道路上不斷的向著這個偉大的目標而努力，最後終於得償所願。雖然在最後的爭鬥中輸給劉邦，但是項羽的英名和遠大抱負並未隨著垓下一役而消失，反而更加被後人所津津樂道。

陳平分肉

陳平，西漢開國功臣之一，出身農家，是秦陽武縣戶牖鄉人。陳平很小的時候父母雙亡，他的哥哥把他養大，還讓他上學讀書。陳平成人後一表人才，到了談婚論嫁的時候了，但是由於他家境貧寒，有錢人都看不起他，而貧窮人家陳平也看不上，於是他的婚事就這麼一直拖著，最終成了一個老光棍，人們常常背後議論他，說他沒出息。

陳平雖然窮困，但心志很高。他不肯老死鄉里，埋頭耕作，而是千方百計交遊豪俠，他還熱心公益事業，也給富家幫忙，一來討幾文小錢，二來展示自己的才華，希望得到社會的注意。

有一年村裡舉行祭社大典，大家都推舉陳平主持分配祭肉。他依據鄉情俗規，對祭社的男女老幼，左右關係，照顧妥貼，分配公平。父老鄉親一致讚揚：「陳平這後生，心眼真好，主持祭社，非常盡心，分配祭肉，十分公平，今年推了個好主持。」陳平歎息說：「唉，要是讓我主宰天下，我會對全天下的人都像分祭肉一樣公平。」聽了這話後，原先在背後議論陳平，說陳平沒出息的人，從此對陳平另眼相看。人們都知道他胸有大志，將來一定能幹出一番大事業。不久，一個姓張的大戶人家，把孫女嫁給了陳平。從此，陳平的終身大事得以解決，他更加專心的為自己日後施展才華而不斷結交朋友。

在後來劉邦統一天下的過程中，陳平的才幹得到了極大的重用。他成為劉邦不可缺少的謀士之一，和張良、蕭何等人一起，成為漢朝創立的決定性人物。

觸類旁通

漢高祖劉邦在開國之初的一些重要人物，幾乎都是出身比較低微的，陳平也不例外，他在很小的時候就遭遇父母雙亡的巨大打擊。但是，陳平並沒有因此而墮落或者自暴自棄，而是立志要幹出一番大事業來。

透過為村裡主持分配祭肉這件小事，陳平充分展示了自己的才華和抱負，讓所有認識他的人都知道自己是個有理想、有志向的大人物，而不是人們所想像的那樣被人看不起，這就是從小立志的巨大作用。

霍去病為國忘家

少年英雄霍去病自幼腿腳俐落，臂力過人，在其舅舅衛青的細心調教下，武功有很大的進展。他用的「八面威風」拳法，一個魚躍騰空，拳腳並舉，只聽他大喊一聲：「喝！」瞬間中心開花，木支架上的四只沙包，一下子被擊穿四個大窟窿，那些陪練的師父們都豎起大拇指，誇他身手不凡呢！

有一天，霍去病獨自外出遊玩，忽然看見城門樓上貼著一張告示，上面寫著：匈奴犯境，邊關告急！廣招天下英雄豪傑，三天後校場比武……霍去病心想：「保衛國家，人人有責，我自小練就了一身武藝，理應去為國分憂啊！」於是，他決定前去校場比武。回到家裡，霍去病和母親說了自己的想法，母親讓他去徵求一下舅舅的意見。不料，衛青卻堅決反對，他說：「戰場上刀劍無情，倘若有什麼閃失，我怎麼向你母親交代？」霍去病說：「舅父大人，自古忠孝不能兩全，現在正是孩兒為國立功的好機會啊！否則您教了我這麼多的武功，我到哪裡去施展呢？」霍去病還沒說完，衛青就打斷他的話，厲聲說：「不行！你尚未成年，按照兵役法規定，你不能去！」霍去病看舅舅這樣堅決，沒有辦法說服他，只好鼓起小嘴巴，悶悶不樂的回家了。

三天後，軍營校場旌旗飄揚，人聲鼎沸，擂臺兩旁掛著「拳打南山猛虎，腳踢北方匈奴」的條幅，漢武帝和大將軍衛青親自來到校場觀看比武。三通鼓響之後，一個魁梧的大漢跳上臺來，自我介紹說：「在下是武術教頭劉教頭，想和各路英雄好漢較量一下！」接著，臺下一連幾個年輕的小夥子上臺和劉教頭比武，但是都被他打下臺去。劉教頭不禁得意起來，問道：「怎麼樣？還有誰不服，上來比劃比劃？」話音剛落，忽見人群中一個身著黑衫的人跳上臺去，說道：「你休要猖狂，看看我的本領再說不遲！」說著，迅速地向劉教頭揮拳出去。兩人剛剛交手三、四個回合，忽聽那黑衫人大喊一聲：「喝！」一個魚躍騰空，飛起一腳把劉教頭擊倒。黑衫人趕快拉起劉教頭說：「前輩，得罪了！」頓時，臺下爆發出陣陣歡呼聲。接著比試跑馬、射箭，都是黑衫人力壓群雄，迎來滿堂喝彩。

漢武帝看在眼裡，喜在心中，不住的對身旁的衛青誇獎這個黑衫人。比試完畢，漢武帝接見參加比武的壯士，他指著那個黑衫人說：「這位壯士，抬起頭來讓我看看你！」黑衫人伏在地上說：「小人不敢抬頭！」漢武帝不解，問道：「為何？」「小人犯了欺君之罪。」「朕赦免你就是，你儘管抬頭。」「謝皇上。」說著，黑衫人用手往嘴巴上一抹，撕去粘在臉上的假鬍子，露出一張稚氣未脫的娃娃臉——「啊！原來是霍去病！」全場一片驚詫。霍去病趕忙向漢武帝表明自己要求從軍的經過。漢武帝讚許的說：「你小小年紀，就有如此報國大志，實在應該讚賞，這樣吧，我恩准你參軍，你可不要辜負朕的期望哦！」就這樣，剛滿十七歲的霍去病，跟隨著大將軍衛青前往邊關，抗擊匈奴的入侵。

有一次，將領們一起探討下一步的作戰計畫，霍去病提出：不入虎穴，焉得虎子。深入敵後，打他個措手不及。劉教頭表示贊同，並說他在塞外待過好多年，熟悉當地的環境，可以帶路。於是，大將軍衛青決定，撥給霍去病三百名輕騎兵，迂迴前進，準備前後夾攻，一舉殲滅敵人。他們經過三天三夜的急行軍，翻過了山谷，不料卻誤入了沙漠地帶。霍去病問：「劉教頭，這是怎麼回事？」劉教頭不語，只見前面沙丘後出現了一小隊匈奴的騎兵。霍去病大喊：「衝啊！殺了匈奴兵！」……忽然天空飄來一片烏雲，頃刻間狂風大作，天昏地暗……風沙過後，匈奴騎兵早已不知去向，霍去病大喊：「糟了，我們只顧戀戰，誤中奸計，陷入了沙漠，怎麼辦啊？」劉教頭雙手一攤，說：「小將軍，我也沒有辦法啊！」烈日炎炎，缺水少糧，大家的鬥志都被消磨光了。危急時刻，霍去病鼓勵大家說：「弟兄們，堅持住，堅持就是勝利！」

這時，忽見劉教頭翻身上馬，取出一只暗藏的羊皮水袋，擰開蓋子，一仰脖子，「咕嘟咕嘟」連喝了數口，喝完就叫道：「漢軍兄弟們，我認識路，快跟我走，要喝水活命的就跟我去投奔匈奴單于！」霍去病大吃一驚：「啊，原來他是匈奴的間諜。」於是，飛身上馬去追劉教頭。劉教頭邊跑邊喊：「你們沒命啦，快投降吧！」「哼，無恥的賣國賊！」霍去病拉弓搭箭，瞄準他的後心，「嗖」的一聲，劉教頭立時被射下馬來。霍去病從他身上搜出一張沙漠地圖和一封密信，信上寫著：「誘敵深入，將漢軍困在沙漠，再使計招降或全殲之。」霍去病心想：「好毒辣的陰謀！」他將地圖一揚，大聲說：「快！向西南方進軍！」霍去病用他的智勇，從敵人背後給其致命一擊，大破匈奴軍隊。從此，霍去病便威名遠揚。

在轉戰數年間，霍去病統軍先後擊破匈奴數十萬之眾，被賜封為驃騎將軍。在京城長安，漢武帝為他建造了一座豪宅，但霍去病卻推辭說：「陛下，匈奴未滅，無以為家。豪宅，臣不能領受！」

觸類旁通

少年時期就立志為國家抗擊匈奴的霍去病，用自己的實際行動和聰明智慧，將匈奴擊退到了遙遠的邊塞。儘管如此，霍去病並沒有沾沾自喜，反而婉言謝絕了皇帝的冊封和獎賞，立志要將匈奴趕出關外。

一個人取得一點成績很容易，難得的是在取得成績後並不自滿，繼續為自己的理想和目標不斷努力，只有這樣，才能夠真正的實現自己的理想，而為後人留下永遠的學習榜樣。

蘇武牧羊

西漢時的關外，中郎將蘇武正率領常惠、張勝等出使匈奴議和。原來漢武帝時匈奴舉兵犯境，漢朝屢屢調兵遣將抵禦匈奴侵犯，邊關戰火連天，百姓流離失所，苦不堪言。雙方損兵折將，國力大大受損，兩國停停戰戰，一直也沒有解決問題。匈奴單于年事已高，雖然與漢朝爭勝的雄心未滅，卻也感到心有餘而力不足；漢朝雖為泱泱大國，但邊境屢遭侵犯，再加上國內水旱災害，可謂內憂外患。這年，漢軍數次擊退犯境的匈奴軍隊，取得了一些勝利。漢武帝不想再和匈奴這樣糾纏下去，於是就打算和匈奴議和。蘇武便接下了此次議和的重任。

蘇武等人到達匈奴邊境的時候，一個小孩出現在他們面前，攔住了使節的隊伍，將一封信交給蘇武，信上說：單于受人挑撥，意欲刁難漢使，滅漢朝國威，趁機加重議和條件。蘇武將信將疑，繼續前進。意外的是，當他們到達邊關的時候，居然順利的通過了，匈奴的守將滿臉堆笑的迎接漢朝的車隊。看著友好的歡迎儀式，蘇武越加相信那封信是無中生有，於是便放心大膽的前行。

但是，當車隊剛到達另一個哨卡的時候，身後突然馬蹄聲大作，前方也出現了大隊步兵，將蘇武一行人團團圍住。為首的匈奴將領喊道：「大膽蘇武！你竟敢與匈奴叛將私通信函，破壞兩國和好的誠意。」蘇武猛然醒悟：那小孩送的信是個陰謀！隨行的張勝見此，頓時心慌意亂，兩腿發軟，不知如何是好。但蘇武卻鎮定自若，臨危不懼的將信件塞入通關文碟中，大步走出車外，將包袱遞給匈奴將領，說：「我朝既然有意與貴方修好，又怎麼會與叛將私通？這是我朝的通關文牒！」匈奴將領把蘇武等押回了單于的住處。

經過幾天的交鋒，單于發現蘇武很有才華，非常的欣賞他，想收為己用，但是他沒有直說，而是想出一個計謀：指派一向妒才忌能的部將衛律審訊蘇武。不出單于所料，衛律果然妒忌蘇武的才能。他幾次嚴厲的審訊蘇武，嚴刑逼供。蘇武受盡折磨，卻堅決不承認自己有私通叛將的行為。衛律一氣之下要殺蘇武。在這危急的時刻，單于及時趕到，嚴厲制止了衛律。原來，單于的如意算盤是這樣打的：利用衛律的酷刑審問，迫使蘇武承認自己確實和叛將有往來，這樣可以一箭雙雕——既獲得了一個傑出的人才，又能取得口實，可以堂而皇之的進軍漢境。其實，單于的陰謀早被蘇武看穿了，所以他受盡折磨也不肯讓單于的陰謀得逞。然而，最讓他想不到的是，平時看似忠心耿耿的副使張勝居然叛變了。原來，衛律發現嚴刑拷問蘇武行不通，便開始從蘇武的隨從下手。他知道張勝是個膽小怕事的人，就對他軟硬兼施，且利誘說：「只要把一切責任都推到蘇武身上，你就可以享受榮華富貴了。」張勝果然中了衛律的圈套。

單于見嚴刑拷打不能使蘇武屈服，就把他放逐到了北海，給了他一群公羊讓他去放牧。還對他說：「什麼時候公羊生出了小羊，就什麼時候放你回漢朝！」其實單于的目的是要消磨他的意志，讓他心甘情願歸順匈奴。可是他的如意算盤又打錯了。

北海位於匈奴統治的區域的北部，終年積雪，一片冰天雪地，原本是匈奴人打獵和流放犯人的地方。蘇武一個人來到這裡，找不到一個人影，只有一群羊和他作伴。每天早上，他一邊放羊，一邊手拿使臣的信物——符節，朝著漢朝所在的方向呆望；晚上，他又將符節抱在懷中，安然入睡。他把符節看的比生命還重要，因為他堅信他終有一天會回到漢朝。

十九年以後，漢朝和匈奴終於恢復了友好往來，蘇武也獲得了自由。當他歷經艱辛，鬚髮盡白的回到漢朝都城長安的時候，人們像歡迎凱旋的英雄一樣，恭候他的歸來。

觸類旁通

蘇武牧羊的故事，是典型的反映人的堅強意志和偉大抱負的事實。蘇武能夠在單于故意設置陰謀詭計的情況下毫不畏懼，而且能夠忍受十九年的精神與身體的雙重折磨，充分說明了一個人只要有偉大的志向和理想，任何痛苦和折磨都是可以克服和承受的。

沒有任何目標的理想是可以很容易實現的，通往勝利的途中必定歷經艱難險阻，如果稍有鬆懈或放棄，就將前功盡棄，一事無成。只有心中始終充滿堅定的信念，方能不辜負自己對理想的努力。

馬革裹屍還

東漢時，一天，一名武將正在招募兵勇，許多人都來應徵，年輕的馬援也擠到前面。可是他的身體太瘦弱了，連一根長矛都拿不起來，武將只好讓他回去。突然，一個老人急匆匆地跑來告訴他：養的馬全都病倒了。邊說邊拉著他來到牧場，只見幾十匹馬倒在地上，奄奄一息。馬援看看這匹，再看看那匹，無力的坐在地上。

深夜，馬援在哥哥家門口使勁的敲門：「哥哥嫂嫂，我是馬援！」可是，嫂嫂就是不開門。一陣冷風吹過，馬援抱緊雙肩，縮著頭離開了。馬棚裡，馬援正獨坐著，忽然一個老人笑呵呵的進來，問他為什麼而傷心？馬援道：「我不為馬匹死了而傷心，也不為哥哥嫂嫂不讓我進門而傷心，我只為了不能從軍實現我建功立業的心願而傷心。」老人吃了一驚：「這件事我幫不了你，如果是醫治你的病馬，我還能盡點力。」說著，拿出一本養馬的書交給馬援。自從有了這本書，馬援飼養的馬匹膘肥體壯。令所有人不解的是，有一天他竟然把馬送給了不讓他進門的哥哥嫂嫂，獨自一人離開了家鄉，去參加軍隊了。他屢建戰功，後來成了一位赫赫有名的將軍。

幾十年以後的一天，已經六十多歲的馬援正在飲酒，突然一名將軍跑來報信說：「劉尚老將軍在武陵郡遭遇叛軍襲擊，全軍覆沒啦！」馬援一拍桌子，憤然站起說：「威武將軍他——我要去面見皇上！」說罷，拔腿就走。

金殿之上，馬援言辭懇切的說：「陛下，臣願意立即帶兵平叛！為劉尚老將軍報仇。」光武帝遲疑著，而眾臣也都紛紛議論。馬援知道眾人嫌自己年老，不堪重任，於是大聲說：「老怕什麼？大丈夫立志，越窮意志越堅定，越老氣概越豪邁！老臣早年曾遠途征戰，南方地形頗為熟悉，臣自信朝中無一人可以替代！」他邊說邊掃視眾人，眾人皆緘口不語。馬援接著說：「臣早年跟隨陛下，從來不顧身家性命，更不在乎什麼名譽地位，臣一生的志向就是戰死疆場，為國效忠！好男兒當戰死沙場，馬革裹屍還！」光武帝被馬援的一番話感動了，但仍然不放心。馬援看出光武帝的遲疑，就憤而離去。眾人茫然……忽然聽見一陣馬嘶，光武帝急忙率領眾臣出了大殿。馬援全身披掛，騎著戰馬而來，拱手道：「請陛下觀看！」說著，兩腿一夾寶馬，馬疾馳狂奔，馬援在馬背上舞動長矛，金光一片。光武帝和群臣不住的點頭稱好。馬援大氣不喘，走到殿下，再次請求出征。光武帝看他威風不減當年，於是就答應了他的請求。

在前往武陵郡的路上，馬援見已經有不少士兵水土不服，陸續倒了下來，他心急如焚。深夜，副將前來商量戰事，看見馬援竟然口吐鮮血，嚇了一跳。原來他也早就染上了重病。馬援吩咐說：「這件事情跟誰都不能講！戰事正在緊要關頭，軍心不可渙散！」

清晨，馬援騎著戰馬，精神抖擻地巡視著部隊，他鼓勵將士：「今日一戰，誓決生死，我們要一鼓作氣，掃平叛軍！」士兵們高呼：「一鼓作氣，掃平潘淩！」餘音在上空迴盪。這一戰，直殺得天昏地暗，馬援率領大軍將叛軍全部消滅。馬援喜氣洋洋的回到軍中，犒賞三軍。營帳裡，馬援本來興致很高，卻突然昏倒在地，口吐鮮血。副將急忙扶住他，這才向眾人道明實情：「其實將軍早就染上了重病，他怕軍心不穩，就不讓我說⋯⋯」這時，副將見馬援嘴巴在蠕動，急忙將耳朵貼近，只見馬援嘴巴幾張幾合，就閉上了眼睛。眾將急切的追問：「將軍說什麼？」副將含著熱淚：「將軍說：『馬……革裹屍……還！』」

觸類旁通

漢朝馬援是我國古代時期赫赫有名的戰將，他的一句「馬革裹屍還」至今為人們所津津樂道。少年時的馬援不嫉恨兄嫂對自己的殘忍，反而以德報怨；而成名後的馬援更是沒有忘記自己一心為民的心願。

一生為民應該是大丈夫永遠銘刻於心的志向與願望，如果僅僅為了獲取個人的功名利祿，其實並不很難，但是如果一輩子直到自己的生命到了盡頭仍然為百姓著想，以致「馬革裹屍」，這就是真正的大丈夫所為。

班超投筆從戎

東漢都城洛陽，一群年輕人正在一個房間裡伏案抄寫，不時還有人邊寫邊議論這次能賺多少錢，可是坐在最後一排的一個叫班超的人卻一直沉默不語。突然他站起來將手中的毛筆狠狠地往地下一摔，眾人回頭詫異的注視著他。班超嚴肅的說：「男子漢大丈夫應當為國殺敵立功，我們怎麼能安安穩穩地坐在這裡，過這些抄抄寫寫的日子呢？」眾人先是一愣，接著有人起鬨：「哼！看不出班超這小子，連飯都吃不飽，還想去立功受封呢！」班超在眾人的哄笑聲中憤然離去。

班超生氣的回到家，正在整理書籍的父親看他一臉的不高興，大概猜出了幾分，於是就把他和兄長班固、妹妹班昭一起叫到面前。父親問道：「你們兄妹三人的志向都是什麼？」班固、班昭回答說願意像父親一樣編寫史書，而班超卻說：「我的心願是領兵打仗，最好像博望侯張騫那樣率隊出使西域！」父親非常欣慰，語重心長的對他們三個說：

「你們都有遠大的志向，這一點我非常高興，但你們要記住，做任何事情都不能心浮氣躁，只有踏踏實實，打好基礎，那麼等機會來時，你們才不會錯過。」不久，班超果然投筆從戎，跟隨猛將竇固與匈奴作戰，立下戰功，成為一名年輕的將軍。

漢宮金殿上，漢明帝得知匈奴被驅趕到漠北邊境時，大為寬慰，對竇固和班超大加讚揚，並且封班超為「假司馬」。漢明帝主張罷兵，就此停止對匈奴作戰，可是班超卻上奏說：「現在匈奴雖然已經逃走，但還經常騷擾我邊境，臣擔心，一旦給他們喘息的機會，他們會捲土重來，到那時，後果將不堪設想！」漢明帝詢問班超該如何辦才好，班超回答說：「漠北離我們中原萬里，出兵很難，當務之急是派出使節，聯合漠北諸國，共同抵抗匈奴。臣願意帶領三十六人出使西域！」漢明帝當場應允。

班超第一站來到鄯善國。鄯善國的國王盛情款待了班超一行人，班超對他痛陳利害關係。國王經過深思熟慮，表示願意聯合西域各諸侯國共同抗擊匈奴，班超很是高興。席間，一個官員突然急匆匆地趕到國王身邊，低聲耳語了幾句，國王的臉色立刻緊張起來，隨後便匆匆走了。

班超一行人感到非常的不解。過了不久，國王又回來了，讓士兵將鄯善國的服裝發給班超等一行人，眾人才心安稱謝。可是此後一連三天，班超去求見國王簽署和約，卻總是被國王以生病為由拒之門外。班超仔細地回想起那晚的情景及國王慌張的神色，覺得其中必有蹊蹺，於是暗中派人去調查。

鄯善國王宮中，匈奴使者突然到來，責問國王是否收留了漢朝的使者。國王佯裝不知，暗中派人催促班超等人回國，如果不從，就要對他們下手，寧願得罪漢朝，也不得罪匈奴。這些話恰巧被班超派去調查的人聽到了，他急忙回去報告班超。班超立即將下屬召集起來，說：「同來西域，為的是立功報國，現在匈奴使者才來幾天，鄯善國王態度就已經大變，如果他把我們交給匈奴，那連屍骨都回不了家鄉。大家看怎麼辦？」眾隨從異口同聲的說：「事情緊急，一切聽從將軍安排！」班超激勵大家：「好！不入虎穴，焉得虎子！今天咱們連夜突襲匈奴使者營地，發起火攻，乘他們摸不清楚我們底細的時候，一舉消滅他們，這樣鄯善國才會與漢朝和好。」入夜，班超率三十六名隨從用火攻偷襲匈奴營地，匈奴眾使者除一人逃脫外，其餘都被燒死了。

隨後，班超率眾闖進宮殿，國王連忙召集軍士將眾人包圍。國王責問說：「哼，班超，我好好對待你，你竟然把匈奴人給殺了，我以後怎麼向匈奴人交代？我要把你送到匈奴去！」班超大笑說：「我只知道匈奴一百三十多人死在你們鄯善國，你已經沒有回頭路可走了！我們都穿著鄯善國的服裝，在匈奴人的眼裡，兇手是鄯善國的人！匈奴使者我們並沒有全部燒死，還有一個人逃走了，我想他明天一定會在單于的帳中講述鄯善國是怎麼將他們的使者殺死的。」國王聽了，癱坐在地上，自知已無退路，只好下令軍士退下，換了副面孔，滿臉堆笑說：「尊敬的漢使，本王剛才……只是開個玩笑，以作試探。來人！拿盟書來！」兩人當即在盟書上簽字、落印。

觸類旁通

班超年少時便不喜舞文弄墨，認為那樣將沒有出息，他的最大願望便是擊退匈奴，為國家的邊境安定盡自己的責任。後來班超率領手下出使西域，受到西域國家的刁難與威脅，但機智勇敢的班超竟然帶領幾十個人殺入匈奴大營，不但趕走匈奴使者，更使得西域小國對自己另眼相看，終於順利的完成了使命。

如果班超像其他人一樣自小就泡在書房裡讀書習字，他一生的大志恐怕很難得到施展的機會，就更談不上後來的出使西域為國家立功了。可是班超毅然棄筆從戎，終於成為一代名將，實現了自己兒時的夢想。

曹操五十立大志

三國時期，袁紹以十萬大軍雄踞北方，對只有四萬兵卒的曹操不屑一顧，他驕縱蠻橫，致使謀士許攸憤而投奔曹操，獻出火燒袁軍糧草之計，從而發生了中國歷史上著名的以少勝多的「官渡之戰」，袁紹也在不久之後暴病身亡。袁紹死後，曹操最大的威脅消除了。

曹操帶兵凱旋而歸。一路上，將士們都很興奮，認為袁軍敗退，北方已定，大家可以解甲歸田，過安穩的日子了。但是大勝而歸的曹操卻鬱鬱寡歡，滿腹憂思。

黃昏時分，曹軍來到一高坡前，曹操策馬上坡，遠眺著茫茫暮色和萬丈彩霞，不禁吟道：歲月悠悠，老年已將來臨。轉戰南北，何時能回故鄉？天下沒有統一，我的壯志未酬。戰馬不卸下鞍，鎧甲不離開肩。

謀士郭嘉緊隨其後，默默無言。可是，不遠處卻傳來戰士們悠揚的歌聲：離家數載無音信，姑娘等得煩了心。如今戰勝得回還，喜抬花轎迎親歸。月亮照在我頭上，姑娘不要嫁他人。

原來，此時曹軍上下都認為北方平定，可以安享太平了。但曹操胸中的大志卻是：平定中原，進而統一全國。郭嘉深知曹操之心，於是怒斥那些貪圖安逸的將士，代曹操說出統一中原的大志。曹操見他如此知心，甚為相惜。就在這時，探馬來報：袁紹之子袁尚、袁熙已經投靠東北烏桓，曹操因勢利導，趁機激勵全軍將士直搗烏桓。

兵發烏桓的路上，連日乾旱無雨，將士們口渴難耐，正在無計可施的時候，突然下起了大雨，曹操欣喜若狂。可是誰知連日暴雨，洪水氾濫，行軍速度異常緩慢。這時有謀士建議駐軍休整，但曹操擔心延緩時日錯失良機，執意不肯。這時郭嘉獻出一計：丟棄重物、扔掉盔甲、輕裝上陣。這一計策遭到眾人的反對，因為一旦遭遇敵軍，後果不堪設想。曹操沉思片刻，下令依計而行。

可怕的事情終於發生了：在地勢險峻的白狼山，曹軍遭遇烏桓三萬騎兵的伏擊！一時之間，曹軍上下驚惶失措，亂成一團。曹操見此情景，拔出寶劍，高喊：「大家不要驚慌！隨我來！」他帶頭縱馬殺開一條血路，直衝白狼山，在制高點上鎮定自若地指揮作戰。將士們深受鼓舞，奮力拚殺，大敗三萬烏桓騎兵。

隨後，將士們士氣高漲，紛紛要求乘勝追擊，但郭嘉卻堅持反對，並說：「如今諸侯割據勢力，矛盾重重，我們一旦進攻，他們就會聯合抵抗；我們不進攻，他們反而會起內訌，自相殘殺，到時候我們只需坐收漁翁之利！」曹操聽後有些猶豫，但最終還是採納了郭嘉的建議，按兵不動。可是，幾個月過去了，烏桓毫無動靜，曹操變得非常焦慮、急躁。郭嘉深知其意，便寬慰他再等一等。曹操一聽，大怒道：「等？我已經五十歲了！再等我就……」郭嘉終於明白曹操一直鬱鬱寡歡，是因為他擔心自己已經老了，無法完成統一大業了！

時隔不久，烏桓果然派人攜袁尚、袁熙的頭顱來拜見曹操，曹操由此更加賞識、信任郭嘉。征服烏桓後，曹操信心大增，決定發兵南下。然而在南下途中，曹軍卻因缺水而經歷了前所未有的艱難險阻，軍心開始渙散。對曹操打擊最大的是：郭嘉因病去世了。此時，年過五十的曹操捫心自問：要不要就此放棄？最後，他毅然決定繼續統兵南下。

南下途經渤海時，曹操臨海憑眺，看著驚濤拍岸，巨浪滔天，寫下了著名的詩篇〈龜雖壽〉：老驥伏櫪，志在千里；烈士暮年，壯心不已。

自此，他更加堅定意志，再也沒有消沉，直到統一中原。

觸類旁通

三國時期的曹操是個典型的大器晚成的人物，等到自己五十歲的時候，還沒有殺出一片真正屬於自己的天下，曹操當時的鬱悶心情可想而知。而曹操卻從未想過放棄，在他堅持不懈的努力之下，遲暮之年的曹操終於平定了北方。

每個人都應該在很小的時候就立下自己的志向和理想，但是即使到了三、四十歲以後仍然沒有實現自己的理想，也千萬不要隨意放棄，只有永遠堅持不懈的奮鬥，才有可能實現最終的目標。

聞雞起舞

當匈奴貴族橫行北方、西晉王朝面臨崩潰的時候，晉朝有一些有志氣的將領還堅持在北方戰鬥。劉琨就是這樣的傑出代表。

劉琨年輕的時候，有一個要好的朋友叫祖逖。在西晉初期，他們一起在司州做主簿，晚上，兩人睡在一張床上，談論起國家大事來，常常談到深更半夜。一天夜裡，他們睡得正香的時候，一陣雞叫的聲音，把祖逖驚醒了，祖逖往窗外一看，天邊掛著殘月，東方還沒有發白。

祖逖不想睡了，他用腳踢踢劉琨。劉琨醒來，揉揉眼睛，問是怎麼回事。祖逖說：「你聽聽，這可不是壞聲音呀，它在催我們起床了。」兩個人高高興興地起來，拿下壁上掛的劍，走出屋子，在熹微的晨光下舞起劍來。就這樣，他們一起天天苦練武藝，研究兵法，終於都成為了有名的將軍。

西元三〇八年，晉懷帝任命劉琨做并州刺史。那時候，并州被匈奴兵搶奪殺掠，百姓到處逃亡。劉琨招募了一千多個兵士，冒著千難萬險，轉戰到了并州的晉陽。晉陽城裡，房屋被焚毀，滿地長著荊棘，到處是一片荒涼，偶然見到一些留下來的百姓，已經餓得不像樣子了。

劉琨看到這種情況，心裡很難過。他命令兵士砍掉荊棘，掩埋屍體，重新把房屋城池都修復起來。他親自率領兵士守城，防備匈奴兵的襲擊。他還採取計策，讓匈奴的各部落互相猜疑。後來有一萬多個匈奴人投降了劉琨，連漢王劉淵也害怕了，不敢侵犯。劉琨把流亡的百姓都召回來耕種荒地。不到一年時間，到處可以聽到雞鳴狗叫的聲音，晉陽城漸漸恢復了繁榮的景象。

劉聰攻破洛陽之後，西晉在北方的兵力大多被打散了，只有劉琨還在并州一帶堅持戰鬥。晉愍帝在長安即位後，派人封劉琨為大將軍，要他統率并州的軍事。那時候，漢國大將石勒，占據了襄國，集結了幾十萬大軍，想奪取并州。劉琨南面有劉聰，北面有石勒，前後受敵，處境困難到了極點。可是劉琨沒有害怕，沒有退縮。他在給晉愍帝的一份奏章裡說：「臣跟劉聰、石勒，勢不兩立。如果不討平他們，臣絕不回朝。」

據說劉琨在晉陽的時候，有一次晉陽被匈奴的騎兵層層包圍，晉陽城裡兵力太少，沒有力量打退敵人。大家都感到驚慌，劉琨卻仍然泰然自若。到了傍晚，他登上城樓，在月光下放聲長嘯，聲調悲壯。匈奴的騎兵聽了，都隨著嘯聲歎息。半夜裡，劉琨又叫人用胡笳吹起匈奴人的曲調，勾起了匈奴騎兵對家鄉的懷念，傷感得流下眼淚。天快亮的時候，城頭的笳聲又響了起來，匈奴兵竟自動跑散了。

後來劉琨聯絡鮮卑族首領一起進攻劉聰，沒有成功。接著，石勒進攻樂平，劉琨派兵去救，被石勒預先埋伏好的精兵打得幾乎全軍覆沒。正在這個時候，又傳來了長安被劉聰攻陷的消息。到了這步田地，儘管劉琨怎樣頑強，也沒法保住并州，只好率領殘兵投奔幽州去了。

觸類旁通

「聞雞起舞」的故事主角，除了祖逖，還有劉琨。少年時就立下為國效力的志向，並不斷的勉勵自己，劉琨終於成為國家的重要將領。在抗擊匈奴的過程中，劉琨從未有過絲毫的退縮念頭，反而一個人堅持在國家最需要自己的地方，和敵人做著最堅決的鬥爭。

為國為民是一個人的最高理想，這個理想要靠自己的努力和實際行動去實現，無論遇到什麼挫折和艱難，都不能輕易放棄自己的理想和信念，哪怕失敗也在所不惜。

石勒讀漢書

晉元帝即位的第二年，匈奴族的漢國國主劉聰病死。漢國內部也發生分裂。劉聰的侄兒劉曜接替了國主的地位。他覺得用漢朝的名義並不能欺騙人民，在西元三一九年，改國號為趙。漢國大將石勒在反晉戰爭中擴大了兵力，不願再受劉曜的統治，也自稱趙王。

石勒是羯族人，他家世代是羯族部落的小頭目。年輕的時候，并州地方鬧饑荒，他和部落失散了，曾經給人家做過奴隸、傭人。有一次石勒被亂兵捉住，關在囚車裡。正好他的囚車旁邊有一群鹿跑過，亂兵紛紛去追捕鹿群，石勒才趁機會逃走。

石勒受盡苦難，沒有出路，就招集一群流亡的農民，組成了一支強悍的隊伍。劉淵起兵以後，石勒投降漢國，在劉淵部下當了一員大將。

羯族人的文化比匈奴人要低。石勒從小沒有像劉淵那樣受過漢族文化教育，不識字。他擔任大將以後，漸漸懂得要成大事業，光靠武力不行，就依靠一個漢族士人張賓，採取了許多政治措施。他還收留了一批北方漢族中的貧苦的讀書人，組織了一個「君子營」。

由於石勒驍勇善戰，加上有了張賓一批謀士幫他出謀劃策，石勒的勢力更加強大。到了西元三二八年，終於消滅了劉曜。過了兩年，石勒在襄國自稱皇帝，國號仍是趙。歷史上把劉氏的趙國稱為「前趙」，把石勒建立的趙國稱為「後趙」。

石勒自己沒有文化，但是卻十分重視讀書人。他做了後趙皇帝後，命令部下，凡捉到讀書人，不許殺死，一定要送到襄國來，讓他自己處理。他聽從張賓的意見，設立學校，要他部下將領的子弟進學校讀書。他還建立了保舉和考試的制度。凡是各地保舉上來的人經過評定合格，就選用他們做官。

石勒嚴禁部下提到「胡」字、「羯」字。但是為了安撫漢族士人，有時候也沒有執行禁令。

有一次，有個漢族官員樊坦被任用做官。樊坦進宮朝見的時候，穿了一身破破爛爛的衣服。石勒吃驚地問他：「你怎麼窮到這步田地？」樊坦忘記了禁令，回答說：「剛剛碰到一批羯賊，把我的家當都搶走，家裡連一件像樣的衣服都沒有了。」石勒知道他吃了虧，就安慰他說：「羯賊這樣亂搶東西，太不應該！我來替他們賠償吧！」樊坦忽然想起了觸犯了禁令，嚇得渾身發抖，連忙向石勒請罪。石勒笑著說：「我這個禁令，是對付一般百姓的。你們這些老書生，我不怪你們。」說著，真的賠給樊坦一些衣服錢財，還賞給他一輛車、一匹馬。

石勒挺喜歡讀書。他自己不識字，就找一些讀書人把書講給他聽，一邊聽，一邊還隨時發表自己的見解。有一次，他讓人給他讀《漢書》，聽到有人勸漢高祖封舊六國貴族的後代的歷史。他就說：「唉！劉邦採取這樣錯誤做法，還怎麼能夠得天下呢？」講書的人馬上給他解釋，後來由於張良的勸阻，漢高祖並沒有這樣做。石勒點頭說：「這才對啦。」

又有一次，石勒舉行宴會招待大臣。筵席上，他問一個大臣，說：「你看我可以比得上古代什麼樣的帝王？」大臣吹捧說：「陛下英明神武，比漢高祖還強，別人更比不上了。」石勒笑了笑說：「你說得太過分了。我要是遇到漢高祖，只能做他的臣下，大概跟韓信、彭越差不多。要是我生在漢光武帝那個時候，倒可以和他並駕齊驅，還說不定誰勝誰負呢。」由於石勒重用人才，在政治上比較開明，後趙初期出現了興盛的氣象。

觸類旁通

中華民族有五十六個民族，除了漢族之外，其他少數民族也不缺乏志向遠大之士，石勒就是這樣一位胸有大志的人。從帶領一群流亡的農民建立自己的部隊，到跟隨別人打天下，最後終於建立了自己的國家。

沒有人天生就擁有一切，只有立下遠大的志向，經過後天艱苦的努力，才有可能實現自己的理想和目標。

渥巴錫回歸祖國

土爾扈特部族是蒙古草原的一支。明末清初，由於受準噶爾部排擠，被迫西遷到伏爾加草原，以遊牧為生，經常遭到沙俄軍隊的燒殺搶掠，族人痛苦不堪。清乾隆年間，可汗渥巴錫想帶領族人越過茫茫伏爾加草原，回到祖國去。可是，當他在部族長老大會上把自己的想法說給大家聽的時候，立即引來了截然相反的兩組意見：以索里讓為首的一派堅決支持，原因是回歸祖國是每個族人的心願；但以阿里木為首的一派卻堅決反對，原因是路途艱難，會死傷慘重。兩派爭吵得很激烈，差點動手打起來。這時，沙俄政府派人送信來，要求渥巴錫無條件的將伏爾加草原變成沙俄的領地，並要阿里木認為應該答應沙俄政府的要求，以免大動干戈。這時渥巴錫一聲大喊：「我們絕不能讓沙俄占領土爾扈特的草原！」

果然，沙俄將軍里斯喬夫收到了渥巴錫言辭激烈的拒絕信。他非常生氣，揚言立即發兵伏爾加，但他的副將葉基卻不急不忙的說：「有一條妙計可以裡應外合，將敵人一網打盡。」里斯喬夫聽後哈哈大笑，連說：「就這麼辦！就這麼辦！」當晚，一個蒙面人闖進阿里木的帳篷，威逼利誘，收買了他，此人正是葉基。由於阿里木的出賣和武器相差懸殊，土爾扈特人在與沙俄軍隊的交戰中，死傷無數，伏爾加草原血流成河。老人、婦女和孩子們抬著一具具土爾扈特戰士的屍體，哭聲震天。阿里木趁機再次勸說渥巴錫歸順沙俄，但渥巴錫卻毅然決定帶領族人回歸祖國。

里斯喬夫得到阿里木的密報，決定立即上報女皇葉卡捷琳娜二世，請求哥薩克騎兵的支持。這時，陰險狡猾的葉基又獻出一條奸計。第二天，正當村民高高興興地為回歸祖國做準備的時候，突然一個受傷的外族人來到部族，自稱是從中國逃出來的。渥巴錫和長老們去看望，那人說：「中國的皇帝非常兇暴。因為他是滿人，所以對其他民族很排擠，把我們當牲口使喚，任意打罵。不僅如此，他甚至還將我們驅除出境。我們實在受不了了，就逃了出來。一路上，大家死的死、傷的傷，到現在只有我一個人活了下來。」邊說邊抹眼淚。村民們一聽，都信以為真，紛紛議論：「皇帝這麼殘暴，我們還回去幹什麼？」「是啊，我們還不如留在這裡。」渥巴錫感覺到大家的心開始動搖了，自己也有點迷惑了。正在這時，乾隆皇帝的使者來了，帶來了皇帝的親筆信：「若想回國，我朝大為歡迎，並會妥善安置。」而那個受傷的外族人卻不翼而飛了。族人們終於明白被欺騙了，更加擁護渥巴錫帶領大家回國。

第二天一早，草原上生起巨大的煙柱，族人們焚燒了帳篷，趕著馱滿行李的牛、馬，集中在草原上。渥巴錫高舉鮮豔奪目的彩旗，大聲說：「今天是我們舉旗起義的日子，一去不回頭！一路上，我們會遇到很多危險，但大家只要齊心合力，不怕流血犧牲，克服困難，勇敢前進，我們一定能回到祖國！」頓時，群情激昂，人們振臂高呼……然而，歡呼聲未息，卻見一撥人策馬而來，原來沙俄騎兵氣勢洶洶的追來了。渥巴錫沉著鎮定，吩咐索里讓帶領族人立即出發，自己率戰士們留下，阻截追兵。族人們迎著東方初升的太陽出發了，渥巴錫凜然屹立在草原上為大家送行，身後是千餘名戰士。

黃昏時分，大家停下來歇歇腳。索里讓不停地回頭看，念叨著：「可汗他們怎麼還沒有趕來？」突然，人群中歡呼起來——天邊，一隊人馬正向這邊策馬奔來，最前面舉著彩旗的正是渥巴錫。人們歡呼雀躍，但又立即沉默下來：戰士們只剩下幾百人，而且個個衣服上浸著血跡；而渥巴錫的右臂上也紮著白布，浸出大塊血印……渥巴錫激動的大喊：「親人們，我們打敗了強大的哥薩克騎兵！」人們又歡呼起來。

渥巴錫向索里讓說起自己的疑惑：敵人怎麼什麼都知道？索里讓若有所思。深夜，阿里木趁大家都在熟睡，偷偷的跑到不遠處，扒出一個小土堆，然後將一張羊皮紙埋在土堆裡。這時，身後突然竄出一人，一把抓住阿里木，此人正是索里讓。族人們義憤填膺，紛紛要求處死阿里木，渥巴錫念在他是族裡德高望重的老爹，並未殺掉他，只是將他逐出部族。但阿里木羞愧難當，拔出一把匕首，刺向自己的脖子……

渥巴錫帶領著土爾扈特族人歷盡艱辛，穿越沙漠，翻過雪山，終於達到中俄邊界，正當大家歡呼雀躍、淚流滿面的時候，哥薩克騎兵追來了。渥巴錫停下了腳步，絕望地大叫道：「罷了，跟他們拚了！」突然，遠處一聲震天炮響！清朝騎兵來營救他們了！渥巴錫激動得一句話也說不出來，眼淚刷刷的往下流。

後來，乾隆皇帝得知土爾扈特族人艱辛的歸國過程後，非常感動，親自接待了渥巴錫，妥善安置了土爾扈特族人。他還親自撰寫了《土爾扈特部全部歸服記》和《優恤土爾扈特部眾記》，刻在兩塊大石碑上，讓中華民族的子孫後代瞻仰。

觸類旁通

為了保衛自己的領土和百姓，渥巴錫誓死和敵人戰鬥到底，甚至只剩下幾個兵士，在幾乎完全失去希望的時候，渥巴錫也從來沒有想過要放棄帶領自己的人民回到祖國懷抱的志向。各少數民族同其他各民族一樣，都是中華民族非常重要的組成部分，如果沒有像渥巴錫這樣的英雄人物誓死捍衛祖國的領土完整，中國現在的疆土就不會有現在這麼壯觀和宏偉。

左宗棠收復伊犁

清朝光緒年間的皇宮中，慈禧太后正在召見大學士文祥和欽差大臣兼陝甘總督左宗棠。左宗棠常年駐守陝甘一帶，此次進京主要是為了商議收復新疆一事。原來，沙俄扶植的浩罕汗國軍官阿古柏，屢次侵入我國領土新疆，占領了許多城市。左宗棠想說服朝廷允許他率領精兵五萬，收復新疆失地。朝廷上下經過一番激烈的討論，儘管遭到李鴻章的極力反對，然而在文祥和光緒皇帝的老師翁同龢的支持下，慈禧太后最終答應了左宗棠的請求，任命他為欽差大臣，督辦新疆軍務。

左宗棠日夜兼程趕回蘭州城後，立即進行軍事部署，他召來自己最得力的助手劉錦堂和金順，商議方略。幾個月後，在新疆各族人民的支持下，左宗棠大軍初戰告捷。這時，以李鴻章為首的主和派卻極力主張見好就收、立刻停戰，以示誠意；而且，一向支持他的文祥也已經去世了。左宗棠受到的壓力非常大，陷入了孤立無援的境地。但是，他並沒有退縮，而是一次一次的上書慈禧太后，要求擴大戰果，直到收復全部失地為止。終於，朝廷被左宗棠的一片赤誠之心感動，下令讓他即日西進，擒住阿古柏……但是，幾個月過去了，阿古柏卻一直杳無音信。於是，李鴻章又開始嘀咕了，認為左宗棠年邁無用，靠他主持戰事，只怕收復新疆無望，還會損失朝廷的大批軍餉。正在疑惑之時，左宗棠的捷報傳來：阿古柏大敗，走投無路，自殺身亡！李鴻章啞口無言了。

大敗阿古柏之後，助手劉錦堂和金順主張乘勝追擊，但是左宗棠卻不同意，其實他並不是懼怕俄國人，而是想休整軍隊、調整策略。於是，戰事便告一段落。左宗棠隨即向朝廷上奏，要求在新疆設立行省，並與俄國協議歸還伊犁地區。慈禧太后召集群臣商議，大家一致同意，但派誰去談判又成為了爭論的話題，翁同龢提議由曾國藩的兒子曾紀澤帶隊談判，但是李鴻章卻極力推薦崇厚，雙方爭論不休。最後，李鴻章得勝，慈禧太后決定派崇厚出使俄國。

左宗棠得知這個消息，不禁拍案而起：「崇厚可是個出了名的糊塗蟲！這不是存心向俄國人示弱嗎？」劉錦堂勸慰道：「不管誰出使，總不會讓俄國占了便宜。」但是，事與願違，偏偏崇厚簽下了喪權辱國的條約：打了勝仗，卻還要割地賠款。文武百官們義憤填膺，紛紛上奏朝廷。慈禧太后見勢頭不妙，大罵李鴻章，下令逮捕崇厚，並責成曾紀澤率領官員前往俄國重新談判。曾紀澤臨行前，左宗棠親自為他餞行，並囑咐說：「此次收復伊犁全靠你我二人。萬世功業，在此一舉，你只管放心赴俄，西北軍務，包在我身上！」曾紀澤鄭重地點點頭，記住了他的囑託。

送走了曾紀澤，回到肅州城後，左宗棠突然吩咐手下為自己買了一口棺材，神情嚴肅的說：「此次出關，生死未卜，我要帶口棺材，不收回伊犁，不生還肅州！」眾將士都深受感動。隨後，左宗棠便命衛兵抬著棺材，自己率領著大軍浩浩蕩蕩地向伊犁挺進，為曾紀澤的赴俄談判打下了堅實的軍事基礎。俄國人聽說左宗棠屯兵關外準備了兩個月，更加不敢輕舉妄動。最後，這次談判以雙方簽訂《中俄伊犁條約》，中方獲勝，收復伊犁地區而告終。

觸類旁通

清朝時期，我國西北部和東北部邊境經常受到俄國人的騷擾，左宗棠就是當時清朝的真正鬥士，帶棺出征，不收回伊犁不生還肅州，這就是左宗棠的理想和誓言。而在實現誓言的過程中，左宗棠從來都沒有動搖過決心，最終幫助清廷順利收回了伊犁。

有的人喜歡立下很不切實際的誓言和目標，但是遇到一點小的挫折和困難就打退堂鼓，這是很難實現理想的。而著名的大英雄左宗棠抬著棺木去和敵人戰鬥，光這份決心和鬥志，就足以戰勝任何敵人。

立言之本

蔡倫造紙

造紙術的發明，是我們中華民族對人類的一個重大貢獻。西元八十九年，漢和帝即位，他提升一個宦官小蔡倫擔任中常侍，讓他參與國家大事。後來，蔡倫兼任尚方令，監督工匠為皇宮製造寶劍和其他用品。

蔡倫忠於職守，一上任就到各個作坊去視察。這一天，蔡倫來到製造麻紙的作坊裡，看到許多大缸裡泡著青麻的莖皮。蔡倫很好奇，就問這些是幹什麼用的，一個工匠告訴他：「青麻加上石灰，在水缸裡泡上十天半個月就泡爛了，然後捶打成漿，就可以造麻紙了。」蔡倫覺得這太神奇了，連忙驚歎說：「好，好啊！」可是工匠接著說：「用這種方法造出的麻紙雖然比絲棉紙或綢緞花費的成本低，但麻紙太粗糙，吸墨性不強，寫起字也很不方便。」

蔡倫聽了這一番話，心中若有所思。青麻紙現在還不盡如人意，但比從前用竹簡寫字方便得多，也比在絹帛上寫字便宜得多。如果能把青麻紙改進一下，讓它變得平滑光潔，又能吸墨，那就可以廣泛使用了。

此後半個月，蔡倫天天到造紙作坊去，觀察工匠們的造紙過程，有時還幫忙挑水，或者用榔頭捶打青麻，很受工匠們的歡迎和尊重。

蔡倫時刻都在思考改進造紙的方法，但苦於無從入手。為此，他飯也吃不香，覺也睡不安。一天中午，他趴在桌上小憩，恍惚之中，他來到作坊旁的曬紙場。明亮的陽光下，灰濛濛的青麻紙一會兒變成黃色，一會兒又變成白色了。他伸手去撫摸紙面，感到十分平滑。忽然，天空中傳來一陣雷聲，緊接著嘩嘩地下起大雨來。「快收紙！」他大聲喊著，隨後就一下子驚醒了，原來是一場夢！他再也睡不著了，心想：能否改變造紙原料的配方呢？

他從家裡找出一小捆破布頭，立即趕到作坊。他找來最有經驗的工匠王臘，叫他把破布頭洗淨，加入泡料的缸裡。七、八天以後，紙曬出來了。這一次造出的紙平滑得多，和夢裡見到的那種灰白的紙差不多，蔡倫的心中充滿了無限的喜悅和希望。

隨後，他和工匠王朧又經過多次試驗，分別用柯皮、麻頭、破布、舊漁網等做原料，再加入不同的填料和染料，製成了不同規格、不同品質、不同用途的紙。他造出的紙價廉物美，適合書寫，很快得到了推廣，並進入尋常百姓家庭。

蔡倫的造紙術後來被傳到世界各地，經過各地技術人員和工匠一兩千年的不斷改進，造出了各種各樣的書寫紙、包裝紙、建築板紙等，為人類文明的傳播做出了不可磨滅的貢獻。

觸類旁通

造紙術作為我國古代的四大發明之一，在發明之初的確有其神奇之處，儘管並不一定真的像故事中所描述的那樣，是蔡倫偶然從夢中得到良策，但是作為一個從小小的宦官步入朝廷大員，蔡倫並沒有被眼前的榮華富貴所迷惑，而是依然處處為國為民著想，從未忘記自己從小立下的志向，這種生活態度是值得後人永遠景仰的。官位和待遇可以改變一個人的地位，但是卻不能夠影響人的志向和抱負，蔡倫正是這樣一位沒有被高官厚祿所侵蝕的偉大先人，直到今天，我們仍然需要記住紙的真正來源——它來源於孜孜不倦的追求。

孔子周遊列國

春秋時期的著名教育家孔子，從小就樹立了遠大的志向。他長大以後，曾經做過管理倉庫的「委吏」和管理牧場牲畜的「乘田」，這些都是很卑賤的職位，但是他仍舊做得很有成績，受到魯國權臣季氏的賞識，從此踏入士大夫階層。

當時，周天子的地位已經衰微，諸侯之間專事征伐，天下理崩樂壞。孔子看到這一切，決定用自己的思想和力量去改變這個世道，建設一個天下統一、充滿仁愛的，用禮法維持的有序的社會。在他五十歲的時候，他做了魯國的中都宰，這使他有機會實施自己的救世主張。他任中都宰僅僅一年，就把中都治理得井井有條，四方的官吏都爭相去向他學習。魯國的國君瞭解到孔子的政績，也升他做了大司寇，並代行國相的職務，參與治理國政。在孔子參與治理國政僅三個月，魯國就發生了很大的變化，商人們不再哄抬物價，全國百姓各守禮法，社會秩序安定。在此期間，孔子還為魯國做了兩件大事，一是他在齊、魯兩國國君會盟的時候，運用自己智慧和口才使強大的齊國歸還了侵占魯國的領土；另外一件事就是他下令拆毀了魯國三大權臣之中的季氏和叔孫氏的城池，使魯國國君的地位得到了強化。雖然孔子參與國政的時間很短，但是他的「救世」思想得到了廣泛的運用和宣導，而且成效顯著。

這時，齊國看到魯國的情況越來越好，害怕魯國將來對自己不利，就向魯國國君進獻了大量的美女和歌妓，魯王被美女和歌妓迷惑，從此無心朝政。孔子看到這些，覺得自己的理想在魯國是無法實現了，於是就帶著自己的學生，打算到其他國家宣傳自己的救世主張，希求得到諸侯的信任。

當時各諸侯國幾乎都是由權臣或大氏族執政，他們怕諸侯任用孔子，搶了自己的威風，因而都極力排斥他；有的人又怕別的國家任用孔子，對自己國家不利，於是也加害他。孔子到了衛國，就有人帶著手持利刃的官兵來威脅和恐嚇他；孔子到宋國講學，宋國權臣派人來暗殺他；孔子到了楚國，得到楚昭王的賞識，賜給他封地七百里，卻遭到令尹子西的反對。孔子還幾次受到圍攻，差點兒送了性命。雖然他冒著生命危險在各國之間奔波，受盡了磨難，但是他始終執著的堅持著自己的理想，一刻也沒有改變過。有一次，孔子在陳國、蔡國之間遭到了兩國的大夫的圍攻，他已經幾天都沒有吃東西了，一點兒力氣都沒有了，他的學生也因為疾病和飢餓都倒下了，孔子面對圍攻依然彈琴吟唱，沒有一點兒沮喪洩氣的樣子。學生們看到老師身處逆境卻仍舊樂觀自若，都非常佩服他，他們說：「我們的老師理想高尚而遠大，不為世人所理解，但是我們的老師仍然盡力去推行自己的理想，這是君子所為啊！」

有些逃避亂世而隱居山林的人，自以為是看透了世間冷暖，就嘲笑孔子和他的救世思想，說他是在做無謂的努力，因為他的思想根本無法實現，他只好到處碰壁，如同喪家之犬。還勸孔子的學生不要跟著孔子做傻事，不如也隨他們歸隱山林，等到太平盛事再出來。孔子對此不屑一顧，對學生們說：「我們是不能與山林中的鳥獸為伍的，如果天下太平了，我就不會同你們一起去改變這個世道了。」

孔子在各國奔波，常常寄人籬下，連個落腳的地方都沒有，處境十分艱難。他到了齊國後，齊景公打算賜給他田宅，可是孔子卻拒不接受。他對學生們說：「我的主張齊景公並不接受，但他卻賞給我田宅，他真是太不瞭解我了。」孔子把救世為民視為最高理想追求，不為榮華富貴所動搖。離開齊國後，他又回到自己的家鄉魯國。孔子自從離開魯國後，十四年沒有回過故鄉，自己的主張得不到諸侯的贊同，他就回到魯國專門從事教育事業。他打破原有的貴族子弟才能讀書的傳統，在平民中招收學生，培養了許多有才華、有道德的學生，其中一些人被各諸侯所用，他們貫徹老師的思想，為挽救衰世而不斷奮鬥。最終，在孔子死後，到漢朝的時候，儒士董仲舒把孔子的思想加以改進，得到漢朝皇帝的認可，孔子的思想也得到了發揚。

觸類旁通

為了自己的理想和志向堅持不懈的奮鬥，雖然在實現理想的過程中遇到困難和挫折，但仍舊不放棄，只有這樣的人才能有所作為，才能實現自己的理想。

雖然孔子在生前並沒有實現自己救世的理想，但是他透過教育學生，傳授自己的思想，最終還是實現了救世的願望。孔子的救世思想在當時並沒有得到多數人的認可，可是他堅信自己的思想是正確的，因而為了理想而不惜經受磨難，遭受別人的白眼，執著的堅持著，而事實最終證明他的思想是正確的。

只要立志，並為此而不言放棄，就一定能夠實現。

探索日月星辰的人

「瞧，張衡又被調任太史令了。」「哈！他從公車司馬令的位置上被撤下來了。」「他呀，就那麼點雕蟲小技，不登大雅之堂！」

東漢順帝永建元年，張衡又被調任太史令。太史令的職務是掌理天時、星曆。凡國家重要大事、祭祀等典禮，都要太史令「選奏良日」，這些事情和天文、曆法有密切的關係。但太史令和公車司馬令的職位比起來就遜色多了，公車司馬令的官署設在皇宮的南闕門旁，任務是保衛皇帝宮闕通達內外奏章；全國吏民向朝廷貢獻物品都由公車司馬令掌握；同時，皇帝從各地方徵調到京的人員，也由公車司馬令接納轉達。難怪京城洛陽裡的不少官吏見張衡從公車司馬令任上下來，第二次做太史令，便大加嘲諷，議論紛紛，並從多方面加以打擊。

面對這些流言蜚語，張衡說：「讓那些鄙儒和貪夫說去吧。」他因此寫了一篇文章，題目〈應問〉，在文章中給那些不瞭解他而存心來嘲笑他的人們一個解答。他不僅清楚說自己在研究學問上是抱著「約己博藝，無堅不摧」的信心與決心，和「不恥祿之不夥，而恥智之不慚」（注：「不應當為收入菲薄而害羞，而應當為知識不廣博而害臊」）的謙虛態度；同時，也說明自己不願同那些「鄙儒」或「貪夫」去比較長短，自己堅持著「方將師天地而友地典，與之乎高睨而大談」的廣寬胸懷。

張衡第一次任太史令是在漢安帝元初二年。當時人們對於宇宙構造和運行的理論，主要有蓋天說、宣夜說和渾天說三派。張衡對我國從古以來發達最早的天文學以及各家各派的理論，做了廣泛和精密的研究，並且親自不斷地觀察天象，探索日、月、星辰運行的規律，最後他根據渾天的理論，並且加上他實際觀測天象的收穫，創造了一套在當時最完整、最先進的天文學說。在渾天學說裡，他很詳細地講到赤道、黃道、北極上規、南極下規，以及月行九道等度數，找出了太陽運行的規律（實際上是地球圍繞太陽公轉的規律），因此能夠解釋夏天晝長夜短，冬天晝短夜長的原因，說明春分和秋分時候晝夜時間一樣長短的道理，而且還根據此種理論創制了新型的渾天儀。

張衡為了完成這一偉大的天文儀器，經過了無數次的研究、觀察、測驗，到西元一一七年，才把渾天儀造成，渾天儀是用銅鑄造的，張衡在鑄造正式的渾天儀以前，先用竹條劈成薄薄的竹篾，把這些竹篾刻上度數以後，再把它們編成圓環，串聯起來，造成一個儀器的模型，作為試驗。待試驗準確了，再用銅來鑄造正式儀器。在張衡謹慎細心的操作下，又耗費了一年多的心血和時間，才把儀器創造成功。渾天儀分作內外幾層圓圈，各層都可以轉動。張衡把他所知道的天文現象，都包羅萬象地刻在渾天儀上。為了使渾天儀能夠自己轉動，他又設計了一組滴漏壺，利用滴水的力量，使渾天儀按著時刻慢慢地轉動，人們就可以從儀器上看到日、月、星辰運行的現象。這種精密的科學儀器提供了極其優秀的觀測天象的方法，對以後天文學的研究有著很大的啟發作用。

在渾天儀鑄造成功之後，張衡絲毫沒有自滿，他除了對天文曆算繼續做精深的研究之外，在數學、物理學、機械製造等方面也下了許多功夫。勤勉學習和刻苦鑽研的結果，使他在各方面都得到了極大的成就。尤其是在木工機械方面，他發明製造了指南車、記里鼓車、飛行木雕等奇巧器物。

然而，張衡在自然科學和機械製造上的卓越成就，並未得到應有的重視和愛護。他不僅又被調任太史令，還要聽那些「鄙」和「貪夫」的風涼話。不過，一心擺在科學研究上的張衡，在寫了〈應問〉這篇文章之後，就再也不管那些閒言碎語，又著手全力研究一項重大問題——地震。

東漢時代，中國發生地震的次數是比較多的。當時掌管這些地震的記錄工作，就是太史令職務的一部分。張衡為了充分掌握地震的情報，非常注意有關地震的紀錄。漢順帝陽嘉元年，他終於設計出一個人類歷史上空前未有的測定地震方向的科學儀器——地動儀。利用它不但可以知道有沒有發生地震，而且可以測出地震的方向。地動儀是用青銅鑄成的，形狀很像一個酒樽，圓徑有尺。樽的周圍按照東、西、南、北、東北、東南、西北、西南八個方向鑲著八條龍，每個龍頭的下方坐著一隻銅製的青蛙。要是哪個地方發生了地震，那個方向的龍嘴裡的銅球就會自動滾出來，落到青蛙向上張著的嘴裡。西元十八年，隴西發生了地震，隴西離洛陽一千多里，但張衡安置在洛陽的地動儀的龍嘴裡卻吐出了銅球，測出西方發生過地震。當時住在洛陽的人並沒有感覺到地震的波動，因此人們不相信他的報告。可是幾天之後，隴西地方官派專使騎著驛馬到達洛陽，證實了張衡的觀測。在事實面前，人們才發出由衷的驚歎。「啊！地動儀真靈！張衡真了不起呀！」

觸類旁通

一般情況下，人們對官職的升遷很容易接受，但對降職或者謫貶則總是報以嘲笑和譏諷的態度。就是在人們的嘲弄和譏笑中，張衡依然堅持自己對天文地理的研究，專注於對天文和地震方面的研究，終於成為一代天文學家。

一個人對志向的堅持和孜孜不倦的追求，必須經得住外界的干擾和破壞，只有把精力完全集中到自己所追求的事業上，才能夠開闢出一片真正的屬於自己的天地來。

王充的特別圖書館

王充，東漢時期著名的無神論者。年輕的時候，他曾經在地方上做過幾年的小吏，因為不願意趨炎附勢而被罷官回家。他把功名利祿看得很淡，回家以後，他一邊教書一邊廣泛閱讀，著書立說。儘管他貧無一畝之田，賤無斗石之秩，但卻始終居貧而志不倦。他在門窗牆壁上掛滿了刀筆，閉門潛思，寫成了多部擊中時弊的大作，但流傳至今的只有《論衡》一部書了。

這部書內容極其豐富，滲透了對漢儒密信神祕思想的批判和對樸素唯物主義的闡述，充滿了深辟的哲理，成為我國古代最負盛名的唯物主義思想的作品。此書的寫成，同王充從小刻苦勤奮、廣讀博覽、勤於思索是分不開的。

王充很小的時候就失去了父親，這使他立志做一番大事業，以慰藉九泉之下的父親和含辛茹苦的母親。王充從六歲開始讀書，僅用了兩年的時間就通讀了《尚書》、《論語》，後來又被送到洛陽的太學。這裡是當時的最高學府，也是一所貴族學校，裡面多半都是揮金如土的公卿顯門子弟。可是王充從不因為自己家境貧寒、衣著不整齊而自卑，他在當時著名的史學大家班彪的影響下，埋頭於書堆，遍覽了太學的藏書。可是他仍感到不足，就利用別人玩耍、逛街的時間，帶著一些乾糧，匆匆地趕到書肆（注：書肆即書店）。

洛陽城當時有許多規模較大的書肆，王充都逐一到過，只要見到喜歡的書，他一定會想辦法把它讀完。通常他都是書肆一開門就進去，直到閉店為止。開始時，有幾家書肆的老闆覺得這個窮學生只看不買，耽擱了生意，索性將他拒之門外，當後來得知這位太學生是因為家境不好，才想出這個辦法閱讀太學裡看不到的書，深為他那刻苦的精神所感動。此後他們都主動為王充打開方便之門：每當王充來書肆看書的時候，為他在書肆的一角放上一只小凳子，中午還給他準備一杯白開水。就這樣，洛陽城中的許多大書肆都成了王充的特別圖書館。在這裡，他飽讀了「異端」之論，博通眾流百家之言，打破了過去腐儒們死摳經書，唯守章句的學風，為他能寫出像《論衡》這類充滿哲理的激進論著奠定了基礎。

觸類旁通

雖然很小的時候就失去了父親的關懷和溫暖，但年紀幼小的王充依舊立志做一番大事業來慰藉自己的父母，這一直是他最好的精神食糧，他拚命的博覽群書，為日後的有所作為吸足了知識的養分。

《論衡》的出世，可以說是王充一生勤學用功讀書的結果。淡看功名利祿、不趨炎附勢、專心做學問研究知識是王充唯一的願望，正是他不在乎外界的任何干擾，埋頭於鬧市的專一精神，才使得自己成為一代大文學家。

玄奘天竺取經

唐朝西北邊疆，荒涼的戈壁灘上有兩個中年和尚風塵僕僕地行進著，其中那位師兄就是玄奘，他與師弟兩人長途跋涉，同往天竺取經。他們來到關卡前，請求守門將領准許過關。將領非但不答應，還將兩人當成突厥的奸細，不由分說就將他們關押起來。將領經過嚴厲的逼問，一無所獲，一怒之下要將兩人斬首示眾。師弟一聽，嚇得渾身直哆嗦，語無倫次地要求返回長安。玄奘冷靜地曉之以理，他說：「目前國內佛學一片空白，令人深感遺憾，若能去天竺取回真經，解答眾佛徒的困惑，當是一件功德無量的事情。況且，突厥屢次侵犯我邊疆，殺我百姓，惡如豺狼，人人得而誅之，我們怎麼會去給他們報信呢？」最終，將領被玄奘的一片誠心所打動，破例放兩人出關。臨別時，將領提醒玄奘：「從長安到天竺，漫漫征途幾萬里，這後面就是一望無際的茫茫大漠，而且還要爬雪山，過草地，恐怕你們還沒走多遠就已經葬身在沙海之中了。」果然，沒走多遠，眼前就出現了茫茫無際的沙漠，巨大的龍捲風夾著沙土扶搖直上幾百公尺高，差點將兩人捲向半空。但這些艱難險阻都沒有動搖玄奘西去取經的決心和意志。

數月之後，兩人來到高昌國，發現舉國上下非常推崇佛教。國王聽說來了兩位從唐朝來天竺取經的和尚，非常高興，將他們奉為上賓。國王告訴他們：國民都很信仰佛教，但卻無人能為百姓闡釋佛理。他希望玄奘兩人能留在高昌國傳經講道。為了打動兩人的心，國王開出了十分豐厚的條件：封兩人為護國法師，建一座全國最大的寺院供養兩人，且加賞黃金百兩，駿馬千匹。師弟有些動搖了，但玄奘斷然拒絕。國王看出了師弟的心思，故意岔開話題，草草了事。然而到了夜裡，國王偷偷來到師弟的房間，兩人談妥了所有的條件。

第二天一大早，玄奘找到師弟催促他啟程，師弟故意拖延時間，含糊其詞。玄奘看出其中必有內情，與師弟發生了爭執，國王一怒之下將玄奘押入天牢。玄奘為了能西去取經，絕食三天三夜，且滴水不沾，國王聽說這件事後，有些感動了。

一天深夜，玄奘突然驚喜的發現四周無人，他趕忙收拾行李，悄悄地溜了出去，一路跌跌撞撞，連滾帶爬，沒命的奔跑著。這時，背後傳來忽高忽低的叫喊聲，玄奘回頭一看，一條長長的「火龍」綿延而來，知道一定是有人追來了。他心裡一急，腳步不禁加快了，卻不慎滑了一跤。這時喊聲越來越近了，玄奘絕望地仰天長歎：「沒想到我葬身異國他鄉，只可惜取經無望了。唉！」但追兵跑過來卻沒有擒拿玄奘，原來他們是奉國王的命令，前來護送玄奘西天取經的，玄奘喜出望外。士兵們牽來一匹白馬，說：「這是我們國家最好的一匹馬，能日行千里，國王吩咐送給您。」隨後，士兵又掏出一封信，說：「這是我們國王寫給沿途各國國王的文書，遇到什麼困難可以請他們幫忙。」玄奘感激不盡，朝王宮的方向拜了又拜，騎馬西去了。

他一路穿越雪山，歷經艱難險阻，終於到達了天竺，拜摩揭陀國佛學造詣最深的戒賢法師為師，苦讀經書。十幾年後，他成為天竺學問最深的佛學大師。很多人都勸他留在天竺，但他都拒絕了，他沒有忘記自己的使命，更沒有忘記自己的國家。終於，他帶著大量的經書又回到了長安。

觸類旁通

西遊記的故事在我國民間流傳甚廣，雖版本各有不同，但有一點卻是一致的，那就是玄奘不辭千辛萬苦和艱難險阻，立志一定要取到真經，這種堅持不懈的精神和志向，始終值得我們學習。

在通往成功的道路上，沒有人會是一帆風順的，如果遇到一點困難和挫折就止步不前，甚至後退，那就永遠都不可能到達最終的目的地。只有像玄奘一樣，無論經受什麼艱難困苦，都設法度過，才能最終取得輝煌的成就。

左思十年著一文

晉武帝太康年間，京城洛陽的紙張，突然漲價了，原來不過一千文錢一刀的紙，這時竟賣兩千文，甚至三千文一刀。人們都在問這是怎麼回事？有人回答說：你還不知道？左思寫了篇〈三都賦〉，文人學士爭相傳抄呢！

左思原為山東臨淄人，小時候讀書成績並不好，他的爸爸左雍曾對朋友們說：左思比不上我小時候的聰明勁兒。左思心想：我一定要好好讀書，超過前輩。

左思有個妹妹，叫左芬，因為文章寫得好，受到皇帝的喜愛，召入宮中，封為貴妃。由於這個原因，左思也來到京城洛陽，準備幹一番事業。

左思早就聽說漢朝的班固寫有〈兩都賦〉、張衡寫過〈二京賦〉，都是很有名氣的，但他對這兩篇佳作都有自己的看法，認為有些描寫流於虛幻，缺乏事實根據。他決心學習前人，超過前人，把三國時代的魏都鄴城、吳都建業、蜀都成都合起來寫篇〈三都賦〉。

為了寫好這篇賦，左思下了很大的功夫。他向在四川做過官的著作用郎張望載瞭解成都的風貌；他找來了有關三都的圖書典籍，認真考察。為了集中精力構思寫作，他閉門謝客，專心致志。左思還在房間裡、院落裡，甚至廁所裡都掛上紙片，放上筆墨，一有所得就隨手記下。有的紙片上的文字，塗了又塗，一改再改。他的夫人為他送來飯菜，他也忘了吃。一次，他正在揮筆寫作，忽然想到應該吃點東西了，待到把一口菜送到嘴裡，感到不是滋味，吐出來一看：那菜是黑糊糊的——原來他是把毛筆當作筷子夾菜了。

經過這樣一番苦心寫作，〈三都賦〉終於寫成了。他為這篇文章，前後花了十年的時間，滿以為會受到士子們的讚賞，沒想到拿出去徵求意見時，竟受到一夥人的嘲諷。原來，他要寫〈三都賦〉的風聲一傳出去，就有人斷定他這個山野之民難登大雅之堂。有位叫張華的人對他說，有位皇甫謐先生是當今文壇領袖，你可以請他評論一下再做計較。

於是，左思把〈三都賦〉送呈皇甫謐。皇甫謐讀後，擊節讚賞。為了獎掖新秀，皇甫謐親筆為之作序，並請人為之做注解。頓時，〈三都賦〉成為洛陽百姓交口稱讚的好文章。文學家陸機，原來看不起左思，還打算自己寫篇〈三都賦〉，後來看到左思〈三都賦〉的抄本，自歎弗如，也放棄了寫〈三都賦〉的念頭。

觸類旁通

專心致志，是左思獲得成功的重要原因之一。他為了寫好〈三都賦〉，閉門謝客，在房間裡、院子裡、廁所裡都放上紙筆，一有新的靈感就馬上記下來，以致吃飯時，誤將毛筆當筷子，把墨汁吃到口裡。他全身心都投入到了寫作之中，不受外界任何干擾，這是難能可貴的。我們有些人，也立志要做些事情，但他們的立志不能持久，因此雄心壯志往往付之東流。這是應深以為誡的。

徐霞客遠遊探險

當明王朝鬧得烏煙瘴氣的時候，在江陰地方有個年輕人，不滿朝政腐敗，不願應科舉考試、謀求做官，卻立志遊歷名山大川，探索自然的奧祕，他就是我國歷史上傑出的地理學家徐霞客。

徐霞客名叫徐弘祖，霞客是他的別號。他從小愛讀歷史、地理一類書籍、圖冊。在私塾讀書的時候，老師督促他讀儒家經書，他往往背著老師，把地理書放在經書下面偷看，看到出神的時候，禁不住眉飛色舞。十九歲那年，他的父親死去，他決心親自到名山大川去遊歷考察一番。但是他想到母親年紀老了，家裡沒人照顧，沒敢提這件事。

他的心事畢竟被母親覺察到了。當母親瞭解到他有這樣的願望，跟他說：「男兒志在四方，哪能為了我留在家裡，做籬笆下的小雞、馬圈裡的小馬呢！」母親為他準備行裝，還給他縫製了一頂遠遊冠。有了母親的熱情支持，徐霞客遠遊的決心更堅定了。

徐霞客在他二十二歲那年，開始離家外出遊歷。他先後遊歷了太湖、洞庭山、天臺山、雁蕩山、泰山、武夷山和北方的五臺山、恒山等名山。每次遊歷回家，他跟親友談起各地的奇風異俗和遊歷中的驚險情景，別人都嚇得說不出話來，他母親卻聽得津津有味。

後來，老母親死了，徐霞客就把他全副精力擺在遊歷考察的事業上。在他五十歲那年，開始了一次路程漫長的旅行。他花了整整四年時間，遊歷了湖南、廣西、貴州、雲南四省，一直到我國邊境騰衝。他跋山涉水，到過許多人跡不到的地方，攀登懸崖峭壁，考察奇峰異洞。有一次他在騰越經過一座高聳的山峰，發現懸崖上有一個岩洞，根本沒路可通。他冒著生命危險，像猿猴一樣爬上了懸崖，終於到達了洞口。

又有一次，他在湖南茶陵，聽說當地有個麻葉洞，洞裡有神龍或者精怪，不是有法術的人，都不敢進洞。徐霞客不信神怪，他出了高價雇個當地人當嚮導，進洞考察。正要進洞的時候，嚮導問他是什麼人，當他知道徐霞客是個普通讀書人的時候，嚮導嚇得直往後退，說：「我以為您是什麼法師，才敢跟您一起進洞，原來是個讀書人，我才不冒這個險呢。」

徐霞客並不甘休，帶著他的僕人舉起火把進洞。村裡的百姓聽到有人進洞，都擁到洞口來看熱鬧。徐霞客在洞裡考察了很久，一直到火把快燒完才出來。圍在洞口的百姓看他們安全出洞，都十分驚訝，說：「我們等了好久，以為你們一定給妖精吃了呢。」

徐霞客漫遊西南的時候，除了隨身的一個僕人外，還有一個名叫靜聞的和尚和他們作伴。有一次他們在湘江乘船時，遇到了強盜，行李財物被搶劫一空，靜聞和尚因為受傷，在半路上死去。到最後，連他隨身的僕人也離開他逃走了。但是這些挫折都沒有動搖他探索自然的決心。

旅途中，徐霞客在每天晚上休息之前，會把當天見到的、聽到的都詳細記錄；即使在荒山野林裡露宿的日子，也總是在篝火旁，伏在包袱上堅持寫日記。西元一六四一年徐霞客去世後，留下了大量日記，這實際上是他的地理考察紀錄。經過他的實地考察，糾正了過去地理書上記載的錯誤，發現了過去沒人記載過的地理現象。像古代地理書上說岷江是長江的上游，徐霞客經過考察，弄清楚長江上游不是岷江，而是金沙江。又像他在雲南騰衝打鷹山考察的時候，發現了那裡曾經發生火山爆發的遺跡。他在遊歷中考察最多的是岩溶現象，在桂林七星岩，他對那裡千姿百態的石鐘乳、石筍、石乳等地形，進行詳細的記載。這是世界上最早研究岩溶現象的紀錄。後來，人們把他的日記編成一本《徐霞客遊記》。這部書不但是我國古代地理學上寶貴的文獻，還稱得上是一部優秀的文學著作呢！

觸類旁通

因不滿當時的朝政而立志遊覽國內的大好河山，徐霞客的志向不但算得上遠大，而且可以說非常值得尊敬。家境不是很好的徐霞客，因為老母親沒人照料而將心中的理想隱藏在心裡，幸虧母親是個明白事理的人，徐霞客的志向才沒有被埋沒。在遊覽名山大川的過程中，徐霞客歷經無數艱難險阻，但是他始終沒有被困難所擊倒，而是堅持將每天的所見所聞翔實的記錄下來，終於彙編成著名的《徐霞客遊記》，為後人留下了珍貴的地理文獻。

鑑真六次東渡

在中國佛教發展史上，以往只有西方人傳經和國人取經的記載，而至唐代有所改變，中國佛教開始向外傳播，東渡日本傳教的鑑真為最突出者，他為中日佛教文化的交流做出了不可磨滅的貢獻。

鑑真，俗姓淳于，廣陵江陽人，他父親原先在揚州大雲寺從智滿禪師受戒學禪。十四歲時，他隨父親入大雲寺，看到佛像莊嚴，觸動了長久積存在心中的向佛之願，就對父親要求出家。父親很高興兒子能有這樣的志向，當然同意了，正好朝廷也詔令各州度僧，隨即就在大雲寺從智滿禪師受沙彌戒出家，父子倆同為一師。神龍元年，十八歲的鑑真從道宣的再傳弟子道岸律師受菩薩戒。景龍元年，鑑真入東都洛陽，又西行長安，次年從長安實際寺律師弘景受具足戒，弘景同道岸一樣，都是道宣弟子文綱的門人。此後，他在洛陽和長安兩地從融濟學道宣的南山律，從義威等律師學法礪的相部律。在諸家名僧的指導下，鑑真學業大進，「三藏教法，數稔該通」。

開元元年，鑑真回到揚州，一方面講律，也收授徒眾，以後的二十多年，他先後講《法礪疏》及《四分律疏》四十遍，道宣的《四分律鈔》七十遍、《輕重儀》十遍、《隨機羯磨疏》十遍。又度僧四萬多，一些弟子成為一方宗首。又造寺、寫經、造袈裟、開悲田院救濟貧病之人。

開元二十一年，日本僧人榮睿、普照等來唐朝留學，當時中國佛教界以戒律為入道之正門，不持戒者，為人所不齒，而日本國的佛教界當時連傳戒僧都沒有，於是他們先請洛陽大福先寺僧人道璿隨日本副使先乘船去日本傳戒。

天寶元年，這兩位日僧準備回國，臨行前希望能請到鑑真，他們託宰相李林甫的哥哥寫了封書信，帶給揚州倉曹李湊，請他造大船，備足糧，自己帶著日本來的兩位同學和幾位中國、高麗僧人同訪鑑真。到揚州時，鑑真正在大明寺講律，兩位日僧申述延請之意。鑑真認為，日本是與佛法有緣的，應該有人去傳法。又問眾僧：「誰有應此遠請，向日本國傳法者乎？」眾僧無對，鑑真說，為了傳法，應該不惜生命，「諸人不去，我即去耳！」當即又有二十一人願同往，於是鑑真開始了六次東渡的艱難歷程。

正當鑑真一行在籌備船糧時，一位叫道航的僧人提了個建議，認為東行傳法的人，應該德高行清，像如海這樣的少學者不能去。這個意見提得很直率，如海很生氣，裹了頭就到淮南採訪廳，誣告道航造船入海，私通海賊。採訪使當即著人將如海收審，又去諸寺搜查，最後查清了真相，但仍以海賊盛行為由，不許出海，沒收所造船隻，物品還僧，如海被杖六十後發回原籍還俗。四位日僧放還回國，但榮睿和普照讓另外兩位先回去。第一次東渡計畫失敗。

榮睿和普照避開官府，又來找鑑真商量。鑑真另想辦法，買來一艘軍用船隻，雇了十八名船工，置辦了大量物資和佛教經像法器，帶著連兩位日僧在內的十七位僧人、各類工匠八十五人，於天寶二年開航。但船行到狼溝浦，被惡浪打破，眾人落水。第二次東渡又遭挫。

船修好後，到大嶼山一帶停了一個月，待風順了出發，想到桑石山去。結果又遭風浪，船再次被打壞，水米全無，人員餓了三天，才得到當地人的救援，安置在明州的阿育王寺。第三次渡海又失敗。

天寶三年初，鑑真因住明州，當地僧眾來請講律援戒，巡迴於杭州、湖州、宣州。越州有人到州官告狀，說日僧榮睿想誘騙大和尚到日本去，榮睿因而被捕，遞解長安，至杭州時因病而被釋放。鑑真看到榮睿為請傳法僧，不辭艱辛，深為讚許，更堅定了東渡的決心，於是遣三人前往福州買船置糧，自己率三十多人南下，到溫州時被攔截。原來揚州僧、鑑真弟子靈莫擔心師父，數年間生死不明，請各地發現後留住。鑑真又被護送回揚州，但他因此而兩個月間不見笑容，靈莫一再懺悔，鑑真才有所轉顏。第四次渡海的努力又受挫。

天寶七年春，榮睿和普照又來到揚州崇福寺找到鑑真，鑑真又開始準備渡海用品，自六月於新河出發，同年十月中旬，在航海途中被狂風吹到了震州。上岸後渡過海峽到雷州，經廣西而到廣州。這時日僧榮睿因病在端州去世。鑑真到廣州後住了幾個月，又到韶州，另一位日僧普照這時告別鑑真北上明州阿育王寺，臨別時，鑑真執手悲泣。由於長期奔波，加上天氣炎熱，鑑真雙目逐漸失明，他離開廣東，到江州乘船到江寧，返回揚州。第五次渡海也沒成功。

天寶十二年，日本遣唐大使一行人來拜見鑑真，請他再次東渡，六十六歲的鑑真允諾了，十月底上船，隨日本使臣東行，這時普照也聞訊而來了。帶去的法物有佛舍利、多種佛像和菩薩像，經卷四十八部，還有一些書法真跡等。

這次渡海經過周密準備，避開了寺院方面的嚴密防範，於十一月十五日正式開航，四舟齊發，十二月七日到達日本本土。日本天平勝寶六年二月一日到達難波，四日到達首都。日本皇帝派官員宣詔，表示歡迎，迎鑑真入東大寺，設壇傳戒，授鑑真為「傳燈大法師」。自天寶二年，歷經十二年，鑑真志向不改，前後六渡，終於遂願。

一到日本，鑑真就開始傳戒，先給天皇受戒，然後是皇后、皇太子，再給四百名沙彌受戒，又給八十多名僧人重新受戒。天皇賜給田宅，鑑真在受賜的親王舊宅上改建成寺廟，即現存的唐招提寺。

天平寶字七年，鑑真在唐招提寺入滅。

鑑真在中日文化交流史上的地位，與玄奘在中印文化交流史上的地位一樣，都是不朽的，他給日本文化以多方面的影響。就佛教方面而言，他傳播了中國佛教南山律、相部律，日本奉他為南山系第三祖、相部系第五祖。他又傳播了天臺宗教法，他帶去的經典中，天臺部分就有《止觀法門》、《法華玄義》、《法華文句》、《四教儀》、《小止觀》、《六妙門》、《釋禪波羅密次第法門》和《法華懺法》等，是日本弘傳天臺宗的先驅。鑑真對佛教建築、造像、雕刻等都很在行，他造戒壇依南山宗的規則，但又參考天臺教理，唐招提寺的建築風格，影響到日本以後的佛教建築。鑑真還精通醫藥，被日本奉為醫學始祖，留有一卷祕方。鑑真帶去的書法藝術作品也對日本的書法產生了影響。

觸類旁通

與其他少年不同的是，鑑真在很小的時候就立志要研究佛法，因此十四歲便出家為僧，鑑真的志向可以說的確與眾不同。後來，作為一名僧人，對佛法研究有成的鑑真開始對東渡日本傳授佛法動了念頭，儘管歷經了諸多的困難和阻礙，鑑真還是六次東渡到日本，為中日兩國的文化交流做出了很重要的貢獻。鑑真對志向的堅持和執著，是永遠值得我們學習的。

歐陽脩立志改文風

歐陽脩是北宋的一代文宗，「唐宋八大家」之一。歐陽脩生活在北宋中期，此時，宋朝建立已近百年，然而文風卻還是沿襲五代那種刻意追求駢文的傳統，文章汙濁不振，讀書人守著陳舊粗劣的成規，理論卑下，氣格軟弱。當時的蘇舜元、蘇舜欽、柳開、穆修一班人，都想要以創作來振興文風，但是財力不足，未能實現其意願。歐陽脩對當時的文風也很不滿意，立志要改變這種狀況。

歐陽脩寄居隨州時，曾在書筐中得到唐朝韓愈的遺稿，讀完以後心中非常欽慕，於是他苦心探求其中的玄密奧妙，以致忘記了睡覺和吃飯，一心要快馬加鞭追上韓愈，與他並駕齊驅。

歐陽脩考取進士後，認識了當時的大文學家尹洙，他們一起交遊，寫作古文，議論人世間的事情，彼此還輪番做老師和朋友。而尹洙又與當時著名的詩人梅堯臣相識，歐陽脩經尹洙介紹也與他交遊，一同作詩唱和。從此，歐陽脩在學業上進步迅速，於是以文章超群而聞名天下。後來歐陽脩入朝為官，任館閣校勘。以後又參加編修《唐書》，又自著《新五代史》，因而他的名氣越來越大。有一次朝廷派他出使契丹，契丹國王派四個貴臣陪他飲宴，並解釋說：「這不是例行規矩，而是因為你的名聲大才這樣招待的。」

嘉祐二年，歐陽脩奉命主持當年的科舉考試。當時，讀書人喜歡做險怪奇澀的文章，稱作「太學體」，歐陽脩對這種文體堅決予以排斥抵制，對於寫這樣文章的人，一律不予錄取。考試錄取完畢，一些輕狂的考生都等候在門外，歐陽脩一出門，他們就群聚在歐陽脩的馬前大吵大鬧，巡街的兵士也制止不住。歐陽脩卻絲毫不在意，直等他們離開才回家。從此以後，科舉考試的風氣有所改變。

歐陽脩一方面反對晚唐以來的不良文風，另一方面又積極提倡繼承韓愈的道統和文統，以致在後來形成了一場規模浩大的古文運動，開一代新的文風。歐陽脩也因此一舉成為當時文壇的領袖人物。

觸類旁通

歐陽脩是我國古代文學史上舉足輕重的人物，他在文學上的貢獻對後人的影響可以說十分深遠，但在當時，為了改變前朝那種不適合時世的拙劣文風，歐陽脩所做的努力和所承受的巨大壓力，卻是常人難以想像的。

在考取了進士並參與政治以後，歐陽脩遭受了來自各方面的巨大挑戰和破壞，但是為了實現自己改變文風的志向，歐陽脩從來沒有退縮過，最後終於開闢了一代新的文風，成為當時文壇的風雲人物。

蘇洵焚稿奮發有為

蘇洵是北宋時期著名的散文家，他和他的兩個兒子——蘇軾、蘇轍——都以文學著稱，被後人合稱為「三蘇」。蘇洵在二十七歲那年的一天，正像往常一樣隨手翻閱書籍，無意中看到謝安一篇關於古人愛惜時間、刻苦攻讀的故事。他認真的讀了一遍，感到這個故事很生動，又讀了一遍，更加感到有意義，於是他反覆讀了好幾遍，每讀一遍，就有一次收穫。他覺得這故事好像是專門為自己寫的一樣，不由得心中發出感慨：時光無情的飛逝，我已經快到而立之年了，自己雖然寫過一些文章，卻都是些平庸之作，沒有什麼大的建樹。他想：現在不努力，還要等到什麼時候啊！從這時起，蘇洵又開始發憤苦讀。經過一年多的時間，他覺得自己在讀書上有了長進，就急急忙忙的參加錄取秀才和進士的兩場考試，但兩次考試都落榜了。這件事對他的打擊很大。不過，他並沒有灰心喪氣，他決定重新振作起來，因此他陷入了沉思，但也沒有理出什麼頭緒，不知從哪裡做起。

有一天，蘇洵正在書房裡整理他以前寫過的書稿。面對這些書稿，他發現了自己的不足之處，因為他對自己的書稿也感到不滿意，又怎麼能讓它們在世上流傳呢？於是，他將這數百篇書稿統統抱出屋去，放在一個空地上，點上一把火，化為灰燼。他之所以這樣做，正是為了堅定從頭做起的決心。焚稿後，他如同放下了一個沉重的包袱，更加輕鬆愉快的刻苦讀書了。蘇洵有時在家閉門苦讀，有時奔走四方，求師訪友，一年到頭忙個不停，以致後來他的兩個兒子讀書要靠他妻子教導。

經過二十多年的努力奮鬥，蘇洵已經閱讀了大量的書籍，既精通五經和諸子百家學說，又同時對古今是非成敗的道理進行了探討，使自己具有了淵博的知識和驚人的才智，再寫起文章來，往往到了「下筆頃刻數千言」的程度。他寫了許多有價值的論文，受到了家鄉學者的傾慕，他自己也真正體會到研究價值的樂趣。這時，他的大兒子蘇軾、二兒子蘇轍也都已經長大成人，而且還在他的影響下才華出眾。他就帶著自己寫的論文和兩個兒子到京城遊學。當時，文壇領袖歐陽脩擔任翰林學士，他看了蘇洵的論文很賞識，認為這是當今最好的文筆。歐陽脩平時非常器重有才華的學者，這次更不例外，於是他將蘇洵的二十二篇文章推薦給朝廷，受到朝廷的重視。一時之間，引起朝廷上下的震驚，京城內外的學者對他的文章讚不絕口，並且爭相效仿蘇洵文章的寫法。蘇洵這位晚學成才的散文家，也從此聞名於世。直到很久以後，還廣泛流傳著讚譽蘇洵文章的歌謠：「蘇文熟，吃羊肉；蘇文生，吃菜羹。」

觸類旁通

蘇洵是宋朝著名的文壇巨匠，唐宋八大家之一。但是年輕時的蘇洵，文學功底並不是十分出色，他因為厭惡自己以前的書稿沒有保留價值，一怒之下付之一炬，藉此來激發自己在文學上的潛能。後來經過許多年的努力，蘇洵在文學上的造詣終於有了巨大的飛躍和提高，他和自己的兩個兒子也都成為了有名的大文學家。

只有大膽的摒棄自己以前價值不高的成就，才能夠在今後的道路上有更大的發展，如果因自己的一點小成就而沾沾自喜、裹足不前，結果就只有一步步淪為平庸，很難再有好的發展。只有像蘇洵那樣焚稿激勵自己，才會不斷的鍛鍊自己、提升自己。

「書巢」博覽

中國文學史上寫詩最多的人恐怕要推陸游。他的詩集裡有九千多首作品，相當於蘇軾的兩倍、白居易的三倍。而這還僅僅是現存的數字，不包括遺失了的。據推算，陸游一生創作的詩歌總數有將近三萬首，就以六十年創作時間來計算，平均每年五百首，每天寫一首多。

當然，我們不能光憑著一個人寫的東西多，就把他當作大文學家，看一個人的文學成就，更重要的還是在於品質。而陸游作品的品質也是很高的，陸游的心始終為國家而跳動，他的筆始終為國家而寫作，他是個傑出的愛國詩人。

陸游，字務觀，號放翁，越州山陰人。陸游從小就熱愛讀書。他的父親是藏書家，他家有書幾萬冊，經、史、子、集，應有盡有。陸游最愛讀文學作品，特別是陶淵明、王維、李白、杜甫、岑參等人的詩。有一次，他看見一本陶淵明詩集，拿來就讀，越讀越覺有味兒，從下午一直讀到晚上，飯都忘了吃。岑參的詩格調豪壯，內容多寫邊塞殺敵，他十分喜愛。有時他邊喝酒邊聽別人念詩，醉意朦朧中，似乎感到自己同岑參一道，正馳騁在抗敵的疆場上呢！陸游在學詩的同時，開始不斷地作詩。從十二、三歲起，他的詩名就漸漸為人所知了。

那個時候，正是金兵入侵、中原淪陷、民族危機深重的年代。敵人的殘暴、人民群眾的英勇對抗，激發了他的愛國精神。他勤學苦練，為得是挽救國家的危亡。二十歲的時候，就已經嚮往著「上馬擊狂胡，下馬草軍書」的戰鬥生活，所以一方面學習劍法，一方面研究兵書。他在〈夜讀兵書〉一詩裡寫道：「孤燈耿霜夕，窮山讀兵書，平生萬里心，執戈王前驅。戰死士所有，恥復守妻孥。……」翻譯出來，就是：

孤零零的油燈照亮了落霜的黑夜，
我在深山裡熟讀兵書，尋找打仗的竅門。
我很早就立下了馳騁萬里的志願，
要拿起武器，奔向前線，驅逐敵人。
愛國志士，從來就不怕犧牲，
守著妻子兒女，這是可恥的行為。……

陸游時時盼望著騎鐵馬、揮金戈，驅逐敵人，恢復失地。但在妥協投降派把持朝政的情況下，真是「報國欲死無戰場」。他因為要求救國而遭打擊，被調來調去，做了幾任閒官。「國仇未報」，而壯士已經進入了老年！

陸游從一一八九年年底被罷斥，到一二一〇年去世為止，中間除去約有一年的時間到杭州主修孝宗、光宗實錄以外，二十年的漫長歲月都是在故鄉山陰度過的。在這二十年裡，他「身雜老農間」，有時還親自到田間去勞動。他雖然遭到罷斥，而且已經老了，但並沒有忘記災難深重的國家，他曾在〈老馬行〉裡寫道：「一聞戰鼓意氣生，猶能為國平燕趙！」然而，統治者是不肯讓他去「平燕趙」的。為了排遣「報國無門」的悲憤，更為了吸取歷史經驗、尋求救國之道，他又像二十歲前後那樣發憤讀書，並且給他住的房子，取了個很形象的名字：「書巢」，還寫了一副對聯：「萬卷古今消永日，一窗昏曉送流年」。

有人問他：「喜鵲在樹上結巢，燕子在樑上結巢。上古時有巢，是因為那時還不會修房子。堯帝時代，老百代也曾經結巢而居，是因為那時洪水氾濫，平地上住不成。你現在幸而有房子可以住，門啊、窗啊、牆垣啊，應有盡有，和一般人的房子一模一樣，卻偏偏叫做『巢』，這是什麼原因呢？」

他回答說：「在我的房子裡，櫃子中裝的是書，面前堆的是書，床上枕的、鋪的也是書。總而言之，一眼望去，除了書還是書。而我呢，飲食起居，疾痛呻吟，悲憂憤歎，始終和書糾纏在一起，偶然想走動走動，都被亂書包圍起來，簡直寸步難行；有時我自己也笑起來說：『這豈不是我所說的巢嗎？』」

客人不信，陸游便帶他走進「書巢」看看。起初，客人被書擋住了，進不去。後來，好不容易鑽進巢裡，又被書圍得水洩不通，左衝右突，還是出不來。於是哈哈大笑道：「一點兒也不假，像個巢，像個巢！」

陸游還有一間房子，叫做「老學庵」，這名字就是活到老、學到老的意思，裡面也放了很多書，他在裡面著書立說，曾寫了一部《老學庵筆記》。

當然，在「書巢」、「老學庵」讀書，並不可能真正排遣他的憤懣情緒。面對「三軍老不戰，比屋阻征賦」的現實，仍然唱出了「為國憂民空激烈」的悲壯詩句。直到臨死的時候，還因「逆胡未滅心未平」，寫了一首洋溢著愛國激情的〈示兒〉詩：

「死去原知萬事空，但悲不見九州同。王師北定中原日，家祭無忘告乃翁。」

觸類旁通

陸游是一位愛國詩人。他之為詩人，與「愛國」終是分不開的，這是他的精神支柱，也是他的平生夙願。這其實就是說明了立志和矢志不移的重要性：不論自己在什麼樣的條件下，都要堅持下去；如果半途而廢，那是永遠也得不到成功的。

蘇軾「立志讀盡人間書」

在四川省眉山縣城西南，有一座三蘇祠，這是北宋傑出文學家蘇洵和他的兩個兒子蘇軾、蘇轍的故居，正殿兩旁門柱上鐫刻著清代書法家趙藩書寫的一副對聯：

一門父子三詞客，千古文章四大家。

這副對聯，高度評價了「三蘇」父子在我國文學史上的成就。

蘇軾，字子瞻，號「東坡居士」，四川眉山人。宋仁宗嘉鄚二年進士，歷任翰林學士兼侍讀、兵部尚書兼侍讀、端明殿翰林侍讀等職。蘇軾是具有多方面成就的作家，他的散文和詩、詞都很有名。在散文方面，他是「唐宋八大家」之一；在詞的方面，他和辛棄疾齊名，被稱為「豪放派」的代表人物。在書法方面，他自成一派，為世人所重。著有《經進東坡文集事略》、《蘇詩編注集成》、《蘇詞補注》、《東坡詞》和《東坡樂府》等傳世。

蘇軾多才多藝，是北宋文壇領袖之一。他所以能取得這樣的光輝成就，是和他少年時孜孜不倦、刻苦讀書分不開的。

蘇軾出身於書香門第。父親蘇洵，二十七歲才發憤讀書，專心攻讀，成為北宋著名的散文家，為「唐宋八大家」之一。母親程氏是一位很有文化教養的婦女，是蘇東坡的啟蒙老師。他家藏書相當多，父母常引導蘇氏兄弟讀書學習。在家庭影響和父母的薰陶下，蘇軾自幼聰敏好學，七歲知書，十歲能寫文章，常受到親友們的讚揚。

在讚揚聲中，少年蘇軾逐漸增長了自滿情緒。他想，家裡的藏書從先秦諸子百家著作，到西漢詩賦、唐代散文，我全都讀過了，可以稱得上「才高八斗，學富五車」。有一天，他在書房門口貼上這樣一副對聯：識遍天下字，讀盡人間書。

說來也巧，幾天後有位白髮蒼蒼的老人上門向蘇軾求教。老人拿出一本古書請蘇軾誦讀。蘇軾翻開一看，別說從未讀過，就是連書上的字竟有許多不認得。蘇軾頓時羞愧得滿臉通紅。他開始重新認識自己，看來真是天外有天，人外有人。自己距離「識遍天下字，讀盡人間書」還差得很遠。老人走後，蘇軾暗下決心，要從頭學起，於是便在原來的對聯上面各加上兩個字，將對聯改為：發憤識遍天下字，立志讀盡人間書。

從此，蘇軾更加發憤，博覽群書。據傳說，他母親在教授《後漢書‧范滂傳》時，蘇軾曾對母親說：「我如果是范滂，你能讚許我嗎？」母親說：「你能做范滂，我就不能做范母嗎？」范滂是東漢末年一位正直的大臣，因反對宦官，後遭殺害，他與母親訣別時，母親反而安慰他不必遺憾。蘇軾要做范滂，說明他從小就懷有遠大的抱負和積極進取的精神。

由於蘇軾具有「立志讀盡人間書」的宏大志向，他在二十一歲時候就考中了進士。主考官歐陽脩讀完蘇軾的文章後，大為歎服，他給梅堯臣寫信說：「不覺汗出，快哉，快哉！老夫當避路，放他出一頭地，可喜，可喜！」歐陽脩為發現一個傑出的人才而欣喜若狂，同時又感到後生可畏，他想避開。讓蘇軾出名。宋仁宗讀了蘇軾的文章，高興地說：「我今天為子孫又得到一個宰相了。」

蘇軾讀書，注重實踐。他從南方人天天和水打交值，十幾歲就熟悉水性的實例，悟解出實踐出真知的道理。為此，他好多的文章，就是透過親身的經歷後有感而發的，如《念奴嬌‧赤壁懷古》，就是遊歷黃州赤壁寫出來的。傳說，赤壁是三國時魏、蜀、吳大戰的地方。蘇軾站在古戰場，眼望長江滾滾東流，他的心情很不平靜，滿腔感慨付諸筆端：「大江東去，浪淘盡，千古風流人物。故壘西邊，人道是：三國周郎赤壁。亂石穿空，驚濤拍岸，捲起千堆雪。江山如畫，一時多少豪傑。遙想公瑾當年，小喬初嫁了，雄姿英發。羽扇綸巾，談笑間，檣櫓灰飛煙滅。故國神遊，多情應笑我，早生華髮，人生如夢，一尊還酹江月。」

詞的大意是：滾滾的長江啊，東流而去，洶湧澎湃的浪潮，洗盡了古往今來多少英雄人物的遺跡！聽人們說那些古代壁壘西邊是三國時周瑜破曹的赤壁。看那陡峭的石壁騰空而起，狂濤拍擊著江岸，駭浪捲起一陣陣雪白的浪花。江山是這樣的嬌麗美好，在這歷史的瞬間，有多少豪傑演出一幕幕的威武雄壯的史劇。接著，作者懷著滿腔傾慕之情，描繪了這場戰爭的主要人物的形象。想起那時，周瑜年少英俊，風流倜儻，剛剛娶過了小喬，頭戴綸巾，手搖羽扇，從容鎮定，運籌帷幄，談笑之間，把曹操的幾十萬大軍打得一敗塗地，何等氣魄！聯想到自己連遭貶謫，白髮早生，人生就像作夢一樣，只好向那江中的明月，奠上一杯水酒，寄託憑弔之情吧！

此外，蘇軾還注意把知識運用到日常生活中去。傳說他和妹妹蘇小妹常作詩答對。蘇小妹額頭凸起，蘇軾嘲笑她：額頭已入堂門內，雙腳尚留庭院中。

蘇小妹也不甘示弱，她見哥哥臉長，便反譏道：前年一滴相思淚，而今尚未到腮邊。

這雖然是兄妹打趣，但也可看出蘇軾反應機敏，善於把詩才運用到實際生活中去。蘇軾在文學上多方面的成就，為北宋詩文改革立下了不朽的功勳，他創造的剛健詞風以及優美的作品，永遠值得人們推崇和學習。

觸類旁通

與一般人的志向和理想不同，著名的大文學家蘇軾的志向，竟是識遍天下字，讀盡人間書。這一目標看似廣大，其實正是蘇軾立志多讀書、多識字，學習知識的偉大心願。

學無止境是對一個人用心苦讀的最好鞭策，而像蘇軾這樣孜孜不倦的學習詩文的文學大家而言，讀盡人間書的志向僅僅是虛心好學的一個小小寫照而已，但是他內心真正的虛心向上的讀書精神，卻是值得我們永遠學習的。

皇甫謐忍痛著醫書

皇甫謐得了重病。這是他多年來辛勤讀書、著作，積勞而引起的，因為他太用功了。成天起早貪黑，躲在斗室裡埋頭於書堆中，有時為了弄清一個字或者是一個典故，就翻書閱卷，通宵不睡，冥思苦想。這樣天長日久，學問是不錯了，卻把做學問的本錢——身體弄垮了。

山村哪裡有妙手回春的好醫生？況且，靠種田為業，和寡婦嬸嬸過著勉強溫飽的日子，皇甫謐只好用些土法子治療。誰知因為沒有對症下藥，病情轉惡了，最後竟然半身癱瘓，活動艱難，而且連一隻耳朵也聾了。經診斷，他得了一種風痹症，在當地醫療條件極差的環境下，這種病是不容易治癒的。

嚴重的疾病使皇甫謐只得臥床，而不能像平時那樣倚桌讀書寫字了。眼看大好光陰白白流逝，更使他傷心。他想起了小時候，跟著叔叔從故鄉安定遷來新安的情景。那時叔叔早死，嬸嬸對他過分溺愛，因而到十六歲，他還沒有好好讀書，成天打狗鬥雞，四處遊蕩，被村人譏笑是沒有出息的歪種。幸虧經嬸嬸的勸導後，他痛改前非，發憤讀書。二十年寒窗苦讀，好不容易熬過來了，誰知正要開始著書立說時，卻被病魔纏住了。

「難道我後輩子將要躺在床上？」皇甫謐按下焦急的心情，靜靜地想，「今後的路可還長哩，還得要做些事情嗎？」讀書人能做什麼呢？他當然還是想到了讀書，繼續學習。這天，表弟梁柳又來探望。「老弟，你能否替我找些醫書，讓我解悶。」皇甫謐還是一副好學的姿態。「老兄已夠疲勞了，還能看書？理當好好休養才是。」梁柳邊勸阻邊開玩笑地說，「醫書？你難道還要學了給人看病下藥？」「我想看些經穴方面的書，要是生了病，不用藥方就能治癒，恢復健康，那才好哇！」皇甫謐閉著眼，嘴角露出一絲微笑說，「如果可行的，我願意先拿自己做試驗。」

梁柳被他的話感動了，設法找來了當時還罕見的《素問》、《針經》、《明堂孔穴針灸治要》等書。皇甫謐把書放在枕頭旁邊，一冊一冊的認真閱讀。躺著看書很吃力。他只能一會兒坐著讀，一會兒躺著讀，以不斷改變閱讀的姿勢，堅持讀書。他是初次接觸這些書，裡面不少術語和內容，都極為陌生，還需要旁人指點、講解，才能夠領悟其中意思，特別是有時全身關節痠痛，連手拿書閱讀都非常困難。他自己不能讀書了，就請人將書本的內容念給他聽。他就是這樣憑意志和毅力，頑強地與疾病搏鬥，堅持讀書。

梁柳見他那既好學又痛苦的樣子，心裡難受極了，忍不住勸導他說：「老兄畢竟是病人啊，這樣下去，要大大損害你的精力的。你看得遠些，不能因為只抓緊讀書而忘記自己的身體啊！」

皇甫謐感謝表弟的關切，笑著說：「我也知道身體的重要，但我身患重病，不知什麼時候就會死去。與其這樣，還不如抓緊些，要是我早些掌握一些針灸道理，造福於民，即使晚上死去，也是值得的。」他的話剛說完，就伸手向枕下摸索，摸出一份書卷，交給梁柳。梁柳打開一看，原來是表兄經常閱讀的《漢書・黃霸傳》。黃霸曾因得罪於當朝權貴，送入監獄，他卻向同獄的大學者夏侯勝請教《尚書》。夏侯勝不肯，說我們關在死獄裡，早晚就是一個死，何必再尋煩悶呢。黃霸卻說，朝聞道夕可死矣。意思是說，早晨聽到道理，晚間即使死去，也是很值得的。梁柳看了，懂得表兄的用心良苦，也就不再說什麼了。皇甫謐刻苦讀書，鑽得愈深，收穫也越大。他對針灸療法醫治風痹症產生了濃厚的興趣。開始，他是力求從文字上弄清它的道理所在，然後就拿自己身子做臨床實驗。結果，他用針灸療法治癒了自己大部分疾病，並且還摸熟了人的全身六百四十九個針灸穴道的部位，寫出一部以：述臟腑、經絡治療等理論，明確穴位名稱、位置的《黃帝三部針灸甲乙經》。

皇甫謐自學成醫，醫好了自己又治癒了很多病人，他技術好，人品又高，因此名傳遐邇，連皇帝也知道了。晉武帝兩次派專使攜帶金銀絹帛，請他到洛陽去做官。他藉口有病不肯去。專使只得帶來皇帝口信，問他有什麼要求。皇甫謐說：「聽說皇宮裡有很多藏書，能否借些給我讀，我就感恩不盡了！」使者回去覆命，晉武帝特地送了他一批書。他高興極了，每日仍是廢寢忘食地讀書、著作；甚至梁柳當上陽城太守，前來辭行，他也仍然用鹹菜蘿蔔乾款待，當然更沒有預備禮品。家人規勸他厚禮相待，他說：「梁柳過去常來我家，我就是這樣款待，現在因為他做了官就要拍馬奉承，那是小看了我，也侮辱了他。我們還是像原來那樣的為好。你們說讀書無用，這就是書本教導我們做人的道理啊！」

觸類旁通

一個人若想有所作為，不僅需要克服外界的各種壓力和困難，同時還要不斷的和自己做鬥爭，尤其是當自己的身體出現了問題。

皇甫謐久臥病榻，但他並沒有因此失去著作醫書的偉大志向，而是更加刻苦的學習醫術，不斷提高自己的醫學知識，從而艱難地完成了自己的心願，為我國醫學的發展做出了難以磨滅的貢獻。

二十七年心血的結晶

蘄州東門外的瓦硝鎮上，有座不大不小的房屋，門前掛的「濟世良醫」黑漆招牌，也許是因為年代久遠，四周脫落了不少，幾個金字早就褪色了。

這就是當地第一流名醫，曾在北京皇家太醫院當醫生、在武昌楚王府兼管「良醫所」的李時珍家宅。李時珍辭去官醫之職，寧願在民間行醫。

近幾個月來，李家舉族上下，很少有人外出行醫。李時珍最得力的助手龐憲、三個兒子和四個孫子，日日夜夜都伏案在桌，忙碌不休。原來，他們都是為《本草綱目》在做最後定稿。《本草綱目》內分水、火、土、金、石、草、穀、菜、果、木、蟲、鱗、介、禽、獸、人等十六大部、六十類目，共收有一千八百九十二種藥的醫藥百科全書。全書一百九十萬字、插圖一百一十幅，在當時中國和世界都是罕見的巨著。李時珍一個人編是很累的，因此抄寫、繪圖、核實資料和出處等等，就落在子孫和學生頭上了。

李時珍端正地坐在書案前，在審讀最後的一份定稿了。小輩們不時地把抄謄好的文字或插圖送上來。他看著這熱氣騰騰、秩序井然的工作情景，心裡真是又喜悅、又激動。雖然此時掛牌行醫的李時珍已經六十一歲了，但眼看這部從嘉靖三十一年開始編寫，花了二十七年心血的醫書即將完成，感到自己是盡到了一個醫生的職責。他不但要救死扶傷，而且要把自己幾十年行醫經驗結出來的碩果，一代代地傳下去，使後人少走彎路，造福於民。書架的每個層次，都被書稿塞得滿滿的——那都是他多年來所積的草稿和修改稿。為了使這部書充實完整，他曾經做過兩次大規模的修改，每一次修改幾乎是重起爐灶，推翻重寫。在書案上，堆著幾尺高的書本，那是他手寫的資料，有一部是從古書裡摘抄下來的，也有一部分是自己經過再三思考、存疑和判斷的筆記，現在這些資料，又都經過反覆核實、鑑定，修飾和整理為最後的定稿。

「爺爺！你看這幅白花蛇圖，可是這樣描吧！」第四個孫兒李樹本走上前來，送上一幅畫，雖然還打著雙髻，但也能幫助做些描圖雜作。

「畫得倒不錯，不過你還是疏忽了些！」李時珍認真地指著插圖說，「這是家鄉的白花蛇，牠的明顯標記就是在肋下有二十四個小塊斜方格子花紋的毒蛇，而你卻只描了二十個小塊方格子花紋，少了四塊。另外，你把蛇的眼睛畫成一條線，也不對。」「白花蛇少幾塊方格子花紋有啥關係？」李樹本嘟著小嘴說，「何況我畫是條死蛇，死蛇總是閉上眼睛了的。」「哈哈！你就不知道了，各地都有黑質白花的蛇，唯有我們家鄉的這種蘄蛇，脅下才有二十四小塊花紋。」李時珍笑著說，「你說得也對，蛇死後是閉眼的。可是你又弄錯了，只有蘄蛇死後睜開眼睛，這就是牠和所有白花蛇不同處啊！」小孫子非常驚服老祖父的淵博學識。

李時珍心裡明白，他所以能夠辨別家鄉所產的白花蛇和其他地區白花蛇的區別，那還是二十五年前的事了。蘄州山野裡有三樣特產，是每年須揀選最佳的上貢給皇帝的。一樣是竹子，名為「蘄竹」，一樣是艾葉，名為「蘄艾」，還有一樣是白花蛇，名為「蘄蛇」。李時珍的父親、醫生世家的李言聞寫過一篇《艾葉傳》，李時珍很感興趣，他也想仿照父親的模式為蘄蛇立傳著說。開始，他只從藥販處觀察白花蛇。後來才弄清，那些蛇是從長江南岸的興國州山裡捕來的，不是蘄州的白花蛇。要看真正的蘄蛇，只有到城北龍峰山。李時珍為此跑了多次龍峰山，他目睹了白花蛇吃石南藤以及被人捉捕的情景。捉蛇人捕到蛇後，破腹去腸、洗滌乾淨、截頭棄尾、屈曲盤起、紮縛烘乾等製作過程，他都看清了。

他寫了《白花蛇傳》，透過對白花蛇的考察，使他認識到實踐的重要。過去醫書中有出差錯的，就是因為作者沒有親自對藥物進行一番實際、認真的調查。當時，他在行醫中感到古代流傳下來的各種「本草」書籍，像南朝陶弘景《本草經集注》、唐朝蘇敬《新修本草》，以及宋朝四川名醫唐慎徽編修的《經史證類備急本草》，都已不能滿足當前醫學、藥物學發展的需要，他決心編一部新的「本草」醫書，而這部「本草」必須是比較完整的。

李時珍為了寫好這本書，想起了司馬遷說的讀萬卷書、行萬里路的經驗之談。行路是書本知識的發展和檢驗，只有把大自然當作書本來讀，才能獲得新的認識，才能有所進步。他就是這樣行萬里路去探索大自然，和不斷請教有實際知識的農民、樵夫、獵戶等下層民眾，糾正前人書上記載的失誤，豐富自己的知識。他寫《本草綱目》，在實踐中不斷獲得充實和補充，終於成為一部總結中國兩千年來藥物學的傳世名著。

觸類旁通

為了百姓的健康，李時珍辭去朝廷任命的官醫職位，寧願在鄉間行醫救人，這就是李時珍的偉大理想和志向。不僅如此，李時珍還立志在醫學方面著書立傳，希望將自己的醫術永遠地留給後人救治百姓。為此，他不惜親自四處走訪取經，不恥下問，最後終於完成了舉世聞名的醫學巨著《本草綱目》，為我國醫學史的發展做出了偉大的貢獻。

朱熹拜師求學

「半畝方塘一鑑開，天光雲影共徘徊；問渠那得清如許，為有源頭活水來。」這流傳千古的詩句，是南宋大才子、大理學家朱熹在〈觀書有感〉中寫的。朱熹，字元晦，後改仲晦，徽州婺源人。

朱熹是一位對我國封建社會後期最有影響的理學家。後人將朱熹稱為中國古代學術史上三座豐碑之一。孔子號稱第一座豐碑，他集唐虞三代以來學術之大成；郝玄（東漢著名學者）號稱第二座豐碑，集漢學之大成；朱熹集宋學之大成，號稱第三座豐碑。

朱熹從小聰明過人，剛剛學會說話，父親朱松就指著天空告訴他說：「那是天。」可是，小朱熹並沒有滿足什麼是天，還想知道天以外是什麼？他接著問父親：「天的上面是什麼東西呢？」這一下子把他父親問住了，不知道該怎麼回答。

八歲時，朱熹開始從師讀書了。他那聰明好學、勤思多問的態度表現得更加明顯了。老師教他讀《孝經》，他看完一遍後，在書上寫道：「不能這樣做，就不能算作一個人！」一天，他和小朋友們在一起玩耍，別的孩子胡打亂鬧，唯獨朱熹在沙土地上，用手指在沙土上仔細的畫著什麼。一會兒大人來了，發現他畫的是連大人都難以明白的周易八卦圖。

十四歲時，父親病逝了，從此家境變得艱困起來，少年的朱熹不得不投靠父親的朋友劉子羽門下生活。為了維持生計，他以教師為職業，但教師的收入極其微薄，家裡仍然是一貧如洗。儘管常常揭不開鍋，但他卻以苦為樂。學生看到老師生活如此窘迫，就把煮熟的米飯、熬好的菜湯端給他吃。

朱熹以教書為職業，但仍刻苦讀書。他父親的朋友們大多是有學問的人，家裡藏書很多，朱熹由此得到了充分的讀書機會，凡是書房裡有的書，他見一卷讀一卷。他穎異超人，才華橫溢，被鄉裡人稱為「神童」。

南宋高宗紹興十八年，朱熹考取進士。任泉州同安縣主簿。可是他仍感到自己學問不足，決心拜一位最有學問的人為師。

當時，福建延平有一位遠近馳名的學者李侗，幾年前，朱熹去同安縣任主簿的途中，曾去拜見過他。李侗知識淵博，對學生要求也很嚴格，朱熹非常渴望得到這位老師的指導。現在他想拜李侗為師，他深知李侗不會輕易地接受一個學生。為了求師深造，幾天來，他吃不好飯，睡不好覺。最後，他想：只要心誠好學，李侗會收我為學生的。

於是，朱熹懷著對老師的崇敬心情，決心步行去見李侗。當時李侗在延平，朱熹在崇安，兩地相隔幾百里，山水阻隔，路途艱險。可是一心一意拜師求學的朱熹也顧不得這些了，他決心已下，一定要克服重重困難徒步前往。他覺得這樣做，正是表達自己的誠心誠意。經過半個多月的長途跋涉，朱熹疲憊不堪的到了延平。

當天夜裡，朱熹來到了李侗的家。為了不打擾李先生，朱熹就在李侗家的大門外打起盹來。清晨，李侗出門散步，見在路邊打盹的是曾來拜訪過自己的朱熹，急忙問道：「朱進士，你從哪裡來，怎麼睡在這裡？」朱熹聽見李先生問他，急忙整理一下衣服，恭恭敬敬地給李侗行個禮，說：「先生早晨好，我從崇安來。」「你是進士了，為什麼不坐轎乘馱？」李侗有些吃驚地問。朱熹誠懇地說：「我是特地來拜您為師的，怎能騎馬坐轎呢？請收下我這愚魯的學生吧！」朱熹的話，語真情切，誠意感人。「先別說什麼拜師，快到家裡去。」李侗把朱熹引進家門，讓他洗漱就餐。

朱熹換了衣服，吃了飯，精神倍增，就滔滔不絕地同李先生談論起禪學來。李侗見朱熹誇誇其談，華而不實，就嚴厲地批評說：「你談的都是些空話，現實問題卻懂得很少，這樣求學不行啊！」說罷，連連搖頭不語。

朱熹一聽這話，「撲通」一跪，跪在李先生面前，說：「李老師，您說得對，從現在起，我就改掉誇誇其談的毛病。收下我吧，收下我吧！」李侗見朱熹說得很誠懇，又願改掉缺點，就收下了他。

從此，朱熹就在李侗門下為生，起早貪黑地用功讀書。實在太累了，就趴在書桌上打個盹，算是睡覺了。李侗見朱熹勤奮好學，有時還有新見解，越來越喜歡他，還特意給朱熹起了個字，叫元晦，希望他成為一個外表不露、道德內涵的人。

朱熹在李侗那裡學到了不少東西，後來終於成為我國古代一位著名的哲學家和教育家。蔡元培先生曾把朱熹比作孔子，認為朱熹和孔子一樣，是中華民族道德的集大成者。辛棄疾對朱熹的學問與人格，更是欽佩不已，寫下了「歷數唐堯千載下，如公僅有二三人」的讚詞。朱熹著述豐富，有《四書集注》、《名臣言行錄》、《資治通鑑綱目》及《朱文公文集》等傳世。

觸類旁通

所謂集大成者，也並非一出生便滿腹經綸。朱熹少年時足夠聰明，但是他並沒有因此而自滿自大，為了實現自己拜訪名師的夢想，朱熹採取了常人難以做到的方法，最終使得老師收下了他。得償所願的朱熹從此更加刻苦虛心，終於成為著名的哲學家和教育家，而他在文學上的造詣和對後人的影響，更是足可比肩孔聖人。

朱載堉捨棄王位著書

朱載堉，出生在河南懷慶，父親朱厚烷是明代王朝宗室鄭王。朱載堉生來便過著錦衣繡袍、山珍海味的生活，接受的是忠為君臣、仕為顯達一類追逐名利的教育。加之他自幼天資聰明，酷愛讀書，又有優越的學習條件，無論是閱讀史經，還是學習天文、算術，他都能做到專心致志，融會貫通。因此，全家上下對他繼承爵侯、光宗耀祖寄予莫大希望。

天有不測風雲，人有旦夕禍福。朱載堉的父親鄭王爺由於不識時務，直諫犯上，得罪了明世宗皇帝，致使皇上一直耿耿於懷。沒想到，朱厚烷的叔叔又火上澆油，上書誣陷親侄朱厚烷，皇上大怒，下令削除朱厚烷的官職，免去他的爵號。昔日的宗室鄭王，如今卻身陷囹圄，成為階下囚。

少年朱載堉，親身經歷了宮廷內部這場爾虞我詐的醜劇，幼小的心靈深處留下了難忘的印記。他決心儘早脫離這個汙濁的地方，去謀求新的生活。父親入獄後不久，他便搬出王宮，在城外搭了一間茅草屋住了下來。他睡的是草席，吃的是糠ㄎ，穿的是粗布衣裳。身居斗室，埋頭讀書，從古至今的二十一種史書和各種各樣的經書，他都遍覽無遺。除了這些經典史籍，他特別潛心於音樂理論的研究，廣泛閱讀了有關樂律、曆學、度量衡、舞蹈等多方面的書籍。整整十九年過去了，他不但對人間世理有了更深的瞭解，而且打下了廣博而又紮實的學術基礎。

十幾年後，新皇明穆宗即位，頒佈了大赦天下的詔書。朱厚烷不僅恢復了王爵和名譽，還加發俸糧四百石。朱載堉隨家人搬回王宮後，並沒有去尋求物質上的補償，而是利用宮內藏書豐厚的優越條件，著重鑽研樂律和曆學。同時，他又拜前輩韓邦奇、王廷相等人為師，學習和討論音樂理論，希望自己在學業方面有所建樹。

不久，他的父親因病去世了。按照當時的慣例，他應繼承父親的鄭王爵位。但是，他早已看透了官場的虛偽，上疏辭謝了自己的繼承權；不僅如此，他還放棄了他兒子所享有的世襲權。他下定決心從事音樂理論研究，把一生貢獻給事業。

此後，他又刻苦鑽研和辛勤寫作十多年，到他六十歲時，終於完成了凝結著他畢生心血的輝煌巨著——《律呂精義》，在世界上第一個攻下了十二平均律這一重大音樂理論難關，成為世界音樂發展史上的佼佼者。

觸類旁通

捨棄高官厚祿獻身學術研究的高尚之人，古今中外不乏其人，但是像朱載堉這樣真正放棄王位，甘心為了學術而專注於研究的人，確實並不多見。自幼看慣了官場的爾虞我詐和欺世盜名，朱載堉立志要投身對音樂的研究。經歷了幾十年如一日的辛苦寫作，終於完成了我國音樂史上的輝煌巨著《律呂精義》，為我國音樂的發展做出了非常偉大的貢獻。

不求富貴，立志學成

鄭板橋，名燮，字克柔，板橋是他的號，江蘇興化人。他一生經歷了清朝的康熙、雍正、乾隆三個君王時代，而史無前例的文字獄正發生在這個時期。

鄭板橋家境貧寒，可是他人窮志不短，決心苦讀百家書，將來有所造就。當時盛行讀「八股」、寫「八股」、畫「八股」、說「八股」的風氣，而他卻不人云亦云，追求形式。他無書不讀，各取所長，在寫作、作畫、書法、篆刻等方面，逐漸形成一種清新活潑的風格。

鄭板橋考中秀才以後，省吃儉用，接連參加了幾次大考，卻都名落孫山。這並非因為他才學不夠，而是由於他沒有靠山。他不得不擠出時間來作些書畫，拿到市場上去賣，以維持生計和學業。但是，像他這樣的無名小輩，作品很少有人問津，有時只能半賣半送，換幾文錢聊以度日。在這樣的逆境中，他深切感受到了人情淡薄，世態炎涼。

無論環境怎樣艱苦，鄭板橋對於自己的學業沒有絲毫懈怠。他更加堅定了自己的志向，加倍勤奮，鑽研詩詞書畫，終於創造出了別開生面、令人耳目一新的文風、詩風、畫風和別具一格的書法、篆刻藝木。他的詩、畫和書法，被人們稱為「三絕」。

據說鄭板橋的書法自成一體，還得歸功於妻子的啟發呢。他平時總愛在妻子的脊背上練字，模仿歷代書法家的字體。有一次，他正練著，妻子半開玩笑、半認真地說：「你怎麼老在別人的背上練字呢？你有你的體，我有我的體呀！」沒想，鄭板橋聽了「你的體、我的體」這句無意中說出的話，竟悟出了一個深刻的道理：書法必須拋棄一味模仿，創造出自己的「體」來。

正因為他的這種與眾不同的創作精神和創作成就，鄭板橋被當時的復古派譏諷地稱為「揚州八怪」之首。

觸類旁通

家境貧寒但又不拘一格，這就是鄭板橋的一生寫照，鄭板橋的志向就是苦讀百家書，將來好有所建樹。在考中秀才之後，鄭板橋在後面的幾次大考中都名落孫山。由於沒有靠山和背景，很難在仕途上有發展，這更加激發了鄭板橋的鬥志。

經過不斷的努力和刻苦，鄭板橋終於在詩、書、畫上自成一體，被人們成為三絕，他的這種與眾不同的創作精神和風格，始終激勵著後人們的創作熱情。

徐光啟力傳西學

明朝萬曆年間，徐光啟還是個一心唯讀聖賢書的少年。有一天，他聽說城裡開了洋學堂，而且還有一個洋教士，非常好奇，正要去看熱鬧，卻被嚴厲的父親撞到了，無奈之下只好作罷。一次，徐光啟在河邊散步，竟然巧遇那位傳教士，他就是義大利人利瑪竇。兩人一見如故，談得非常投機。就在這時，家僕來找他，說有客人來訪，讓徐光啟趕快回家，談興正濃的徐光啟只好依依不捨的向利瑪竇告別。他急急忙忙的趕回家裡，見來客原來是陶知縣。陶知縣與徐光啟的父親是故交，對徐光啟十分的疼愛。他一見徐光啟，立即眉開眼笑，問長問短。徐光啟很興奮的說起利瑪竇，誰知陶知縣卻眉頭一皺，說：「你年紀還小，不要聽別人亂說！」徐父見狀，大罵兒子不學無術，徐光啟感到十分委屈。

但是徐光啟依然偷偷和利瑪竇交往，並從他那裡知道了許多聞所未聞的知識。徐光啟登門拜訪利瑪竇，對房間裡的一只西洋鐘十分著迷。

利瑪竇告訴他說：「這叫『自鳴鐘』，是我從歐洲帶回來的。它過一個小時，就會自動敲鐘，一天一夜敲二十四次。」說完，便慷慨的將鐘送給了他。不久，恰逢陶知縣壽辰，徐光啟將鐘放在一個精緻的大盒子裡，想給他一個驚喜。誰知陶知縣一見西洋鐘卻大怒不已，斥責徐光啟放著我們中國幾千年文化不學，卻熱中於西洋的歪門邪道。徐光啟只好默默的離開了。

再大的阻力也沒有迫使徐光啟放棄對西洋科學的探索，他和利瑪竇的交往反而更加密切了。但是，幾個月後，徐光啟京試高中榜首，要進京做官了。他與利瑪竇依依惜別，利瑪竇安慰他說：「有緣一定會再相見。」果然，不久以後，利瑪竇也來到京城，並且給徐光啟帶來了一份珍貴的禮物——《幾何原本》。他告訴徐光啟：「這是一種偉大的理論，它可以訓練人類的思維，可以開啟人類的智慧，世界上很多一流的科學家，都是從這本書裡受到教育和啟發的。如果你們中國人讀了他，一定會有更多、更偉大的發明誕生！可惜至今也沒有人把他翻譯成中文。」徐光啟看著書中密密麻麻的拉丁文字，決定把他翻譯成中文。從此，他和利瑪竇開始了艱難的翻譯工作。一年以後，他們已經翻譯了六卷。就在這時，一封家書捎來：徐光啟的父親去世了。他流著淚回家奔喪，翻譯工作只好暫時停滯。

徐光啟辦完喪事準備回京，陶知縣卻要他按照老家的規矩，在墳前守孝三年。徐光啟道出自己的苦衷：利瑪竇正等著自己回去繼續翻譯。陶知縣一聽，頓時勃然大怒，強制他守孝。但是徐光啟並沒有消磨時光，他在墳邊的農田裡種植了一種外國傳入的糧食——甘薯。此舉再次遭到陶知縣強烈反對，他甚至讓人將甘薯的秧苗全部拔了。但這些都沒有動搖徐光啟的意志，他仍然堅持種植甘薯。

不久，江南一帶遭了蟲災，全村農田裡的穀物都長滿了害蟲，災情特別的嚴重，眼看就要顆粒無收。村民們向官府求救，但陶知縣也無計可施。就在這時，徐光啟站出來，他對村民們說：「我種植了不少甘薯的秧苗，大家挖一些回去種，保證秋後有糧食吃！」但他的建議卻無人理睬。後來，村民們眼看著徐光啟的秧苗長得鬱鬱蔥蔥，慢慢動心了，他們主動找上門來，央求徐光啟提供秧苗。幾個月後，甘薯大豐收，陶知縣帶著村民登門道謝，人人臉上浮現出喜悅的笑容。

觸類旁通

在我國古代，中西方文化的交流一直是個很大的問題，原因就在於中國古代的封建地主階級盲目自大和排外，而徐光啟不顧周圍環境的反對，一心要學習西洋文化，這就是他的最大願望和理想。雖然經歷百般阻撓，甚至包括喪父之痛，徐光啟還是沒有放棄自己對西方文化的學習，最終為中國與西方文化的交流做出了不可磨滅的貢獻。

吳敬梓矢志著《儒林外史》

清朝南京郊外，寒風夾雜著雪花狂舞，在一間破茅草屋裡，吳敬梓衣衫襤褸，凍得渾身發抖，但他仍舊坐在一張破舊的書桌邊奮筆疾書。這時，兩個官兵進門，不管三七二十一，拉著吳敬梓和他的妻兒就走。吳敬梓全家被帶到官府，誠惶誠恐，不想卻受到身著華麗衣服、滿臉堆笑的巡撫的熱情接待。他設好酒宴，極力款待吳敬梓，還說了很多阿諛奉承的話。

但是，吳敬梓卻不領情，開門見山的說：「巡撫大人，有什麼事情請您直接吩咐？」巡撫很尷尬，只好說出意圖：他願意出錢送吳敬梓赴京參加科舉考試。隨後，他吩咐侍女拿來一包銀子送給他，說：「只要你參加科舉，這些銀子就是給你買筆、買紙、買炭取暖的。」但是，吳敬梓卻拒絕接受，冷冷的說：「人各有志，我雖然窮，但是不能無功受祿！」說完，揚長而去。一個平白無故送別人錢財，一個窮得叮噹響卻不接受接濟，這到底是怎麼回事呢？

吳敬梓拉著妻兒回到家中，妻子非常不理解丈夫的所作所為：巡撫如此恩德，為什麼不接受呢？吳敬梓不予理睬。妻子哭著抱出米罈——裡面空空如也。吳敬梓剛要開口，卻聽到「吱」的一聲，門被推開了，一個官兵挑著一擔炭和糧食走了進來，原來是巡撫讓人送來的。妻子滿心歡喜，熱情的招待官兵，但是吳敬梓卻「砰」的一聲又關上了柴門。

巡撫不但不生氣，不一會兒，竟然親自登門拜訪吳敬梓。當他看到用木板、茅草編捆搭建的破房和打滿補丁的薄棉被時，不禁噓唏不已，再次提出資助吳敬梓參加京試。但吳敬梓仍舊不為之所動，說：「你走你的陽關道，我走我的獨木橋，我心甘情願。」巡撫終於露出本意：「只要你不再寫《儒林外史》，就算不參加科舉，我也可以舉薦你一個不錯的官位。」吳敬梓哈哈大笑，斷然拒絕。

巡撫一計不成，又生一計，他要讓吳敬梓走投無路，他悄悄的開始實施自己的陰謀。不久，吳敬梓的家裡終於面臨衣食無援的危急，無奈之下，吳敬梓只好去賣菜。沒想到他剛剛到集市，幾個官兵就跟了過來故意刁難，不僅奚落他，還將菜攤掀翻、蔬菜踩爛，一旁賣菜的老百姓也跟著遭了殃。

與此同時，吳敬梓家裡突然來了一個官兵，送來一百兩銀子，說是巡撫大人的一點心意。吳敬梓的妻子剛要說話，官兵已經撂下錢包，沒了蹤影。不一會兒，吳敬梓回來了，聽完妻子的敘述後，馬上警覺起來，拿起銀包，「啪」的一下按在桌上：「原來你斷我的生計，另外又包藏禍心！」他忙吩咐妻子拿著《儒林外史》的書稿，帶著孩子從後門出去躲一躲。妻子前腳剛走，官兵隨後趕到，聲稱吳敬梓偷了官府的銀兩，不由分說，便開始搜查。官兵們翻箱倒櫃，實在搜不到書稿，只好悻悻的離開了。巡撫的陰謀又一次落空了，他氣急敗壞，但也無計可施了，只好任由吳敬梓繼續寫書。

觸類旁通

吳敬梓一生為了著作《儒林外史》，長期和外界環境做著不屈不撓的鬥爭，儘管缺衣少食，家徒四壁，甚至連平時的日常生活都難以應付，吳敬梓還是堅持著「貧賤不能移，富貴不能淫，威武不能屈」的大丈夫氣節，高官厚祿和白花花的銀子，都不能夠動搖吳敬梓書寫自己心中夢想的決心，只有這樣的堅持和執著，才能夠完成自己的遠大志向。

嘗擬雄心勝丈夫

古代閨閣千金流傳下來不少反抗封建婚姻和私訂終身後花園的故事，清代才女王貞儀卻給我們留下了把亭園當作科學實驗基地的佳話。

一日晚上，從沒進過新式學校的王貞儀走出閨房，來到自家園中，在侍女的幫助下，她異想天開地在亭中樑上用繩子吊了一盞水晶燈當太陽，又從內室搬來一座大圓桌權當月亮，涼亭正中的石頭圓桌權當地球。她將這三件東西多次移動，變換三者的方位和距離。她全神貫注地根據書上學到的科學原理，仔細觀察、反覆琢磨，終於試驗出了望月和月食的關係，對月食這一自然現象做出了正確的解釋。

這位被侍女看作中了邪的小姐，居然寫出了〈月食解〉這樣的科學論文。

王貞儀出生在一個書香門第，祖父做過官，官雖不大，家裡藏書卻放滿了七十五只書櫃。她自幼就喜歡在祖父的書房裡博覽群書。她年紀雖小，卻懂得珍惜時間。她說：「人生學何窮，當知寸陰寶。」她認為人生有學不盡的知識，要珍惜一分一秒的時間。

可是在當時的封建社會裡，不要說研究科學，婦女連寫詩作文都有人譏諷，那些所謂士大夫們，認為婦女只能侍弄酒食、縫紉衣服，不應握筆舞文弄墨。王貞儀對這種男尊女卑的封建習俗憤憤不平。她在寫給女友卜夫人的信裡說：「男女同是人也。」她寫的詩常借題發揮：「始信鬚眉等巾幗。誰言女兒不英雄！」她多麼想掙脫男女不平等的羈絆，衝向雲霄去自由的飛翔。王貞儀雖感到現實生活對她的壓抑，但她並不自暴自棄。她主張婦女應加強學習，注意自身修養，「豈知均是人，務學同一理」。

王貞儀自己就是這樣身體力行的。

每當夜深人靜時，她常獨自一人抬頭看天，研究氣象。她觀察雲彩的流動變幻，注意氣候的乾濕潮潤，經過長期觀測記錄，她積累了大量的資料。對於天氣的變化，她已大體能掌握，可以做到預測陰晴風雨。

對所在地區的天時和農作物的豐收或旱澇都能做出正確判斷。在二十幾年短暫的一生中，她寫下了大量的論文、著作，現存的有《德風亭初集》十三卷。除文學作品外，還著有《星象圖解》、《曆算簡存》、《地圓論》等十幾件天文數算書和單篇文章。

王貞儀相信科學，反對迷信，她指責那些「看風水」、占卦，過著寄生生活做騙人事的所謂「星相家」。她在寫給父親的信中說：這些人多不讀書，只講名譽勢力；不學正確道理，專門將所謂富貴貧賤、得禍得福等妖言擾亂人心，以謀私利。

王貞儀的密友方夫人信佛，準備刻印《心經》以祈求幸福，她請求王貞儀為她的《心經》作序。王貞儀和方夫人雖是好朋友，但這種宣揚迷信的事，她絕不肯做。她斷然拒絕為方夫人的《心經》作序。在《答方夫人第一書》裡她寫道：「佛經……其言語荒唐，其詞義空晦，多空虛詭異之詞，為《心經》作序，非不能也，實不為也。」在〈再答方夫人書〉裡，她指責方大人不惜用大量金錢修廟，做功德燒紙錢，九百萬錢一把火燒掉，把老百姓辛勤工作換來的財物用於供奉泥木之體。

在封建社會，特別是一個婦女，能有這樣的見識是不容易的。

王貞儀在自然科學上，興趣也是多方面的。她閱讀了大量古代曆法、算術的著作，尤其對清朝初年著名數學家梅文鼎有關數學、曆法的書籍，更是刻苦鑽研。梅氏著作中有一本《籌算原本》比較難懂，不便初學，也不利普及，她把這本書改編，將書中深厚的道理，改用通俗淺顯的文字和簡便易懂的方式編寫，使初學的人一看就懂，便於掌握。王貞儀不僅習天文、精數學、懂氣象，而且還通曉醫學，並能為人診脈看病。

「足行萬里書萬卷，嘗擬雄心勝丈夫。」一生活在兩百多年前的王貞儀，少女時代就樹立了這樣的雄心壯志。當時，她既無老師傳授，又無同學可共同探討學問，甚至連極簡單的科學儀器都不具備，就靠自己勤奮讀書、刻苦自學、反覆實踐，取得了天文、數學、氣象等學術方面的成就。這在當時是出類拔萃、絕無僅有的。清代學者錢儀吉稱讚她為自班昭之後，唯一的女中傑出人才。

觸類旁通

在封建社會時期，婦女是被禁止學習科學文化知識的，因為那被認為是不守婦道，而王貞儀卻衝破當時的種種阻撓，研究日食和月食的關係，終於在天文學方面有所建樹。不僅如此，她還拒絕推廣封建迷信的佛法，更是難得。

雖然王貞儀的理想在當時並不被多少人理解和接受，但是她能夠堅持自己的科學研究，並達到了很高的水準，她的這種鑽研精神和上進心，將是我們始終學習的榜樣。

談遷孤志不移撰《國榷》

談遷是中國明末清初著名史學家，原名以訓，字仲木，號射父。明亡後立志不仕宦清廷，於是改名遷，字孺木，號觀若，自稱江左遺民。談遷一生遍覽經史子集，作為明朝遺民，他一生最大的願望就是修著一本明史，親自總結明亡的教訓。所以他以傭書、作幕僚為生，從二十九歲起開始撰寫他耗費畢生精力的《國榷》。

作為明之遺民，又是一個手無縛雞之力的書生，只能依靠在別人手下以刀筆功夫討生活，自然不會富裕。反倒是因為要編修《國榷》時時要買書或是找尋別的材料，還要耗費錢財。有時候因沒有錢買參考資料，談遷只得四處借書來抄。為了抄點史料，他竟帶著乾糧走了一百多里路。就這樣，從天啟元年始，談遷以明實錄為本，遍查群籍、考訂訛誤，以編年為體，按日月為序，整整奮鬥了二十七年，六易其稿，終於在五十六歲時完成了這部五百多萬字的巨著。

談遷一生別無所求，只希望自己編纂的這部明史能夠刊行於世，讓人們都來看一下，歷時上百年的明王朝何以一瞬亡毀。就在這部浩瀚的鴻篇巨鴻篇巨製即將付梓刊印的前一晚，談遷撫著裝有書稿的竹箱，就像看著自己培育多年的孩子，即將應試登科一樣興奮。面對這部可以流傳千古的巨著，談遷心中的喜悅可想而知。他幻想著這部《國榷》流傳市井，遍傳官員、士子之手的情形，才漸漸安睡。

沒想到就在這天夜裏，小偷悄悄摸進談遷家裏偷東西，見到家徒四壁，無物可偷，只有裝《國榷》原稿的竹箱看著還十分精緻，就以為鎖在竹箱裏的《國榷》原稿是值錢的財物，於是看也沒看就把整個竹箱偷走了。從此，這些珍貴的稿子下落不明。

二十多年的心血轉眼之間化為烏有，這樣的事情對任何人來說，都是致命的打擊。對年近六十、兩鬢已開始花白的談遷來說，更是一個無情的重創，談遷為這大哭了一場，一夜之間，衰老了很多。不少人都以為談遷會從此罷筆了。可是談遷很快從痛苦中振奮起來，下定決心再次從頭撰寫這部史書。

冬去春來，周而復始，談遷又繼續奮鬥十年後，又一部《國榷》重新誕生了。新寫的《國榷》共一百零四卷，五百萬字，內容比原先的那部更詳實精彩。談遷也因此留名青史，永垂不朽。

觸類旁通

君子修德要努力做到「不為莫知而止休」，對談遷而言，二十餘年是他一生中最寶貴的時間，眼見心血在一夜之間化為烏有，這種打擊非常人所能承受，而談遷愈挫愈奮，堅持著書立說，最終青史留名。

原來，
成就不朽的秘訣
是原則

財富之惑

曾參守節辭賜

孔子在教育上奉行「有教無類」，主張人不分貧富、不分貴賤，一律都有受教育的權利，只要拿十條乾肉作為見面禮，孔子就收他為學生。因此在孔子的學生中，既有奴隸及貴族的子弟，又有新興地主和商人的子弟，也有小生產者和貧賤家庭的子弟。相傳孔子的學生有三千多人，其中有七十二人學得最好，被後人稱為「七十二賢人」。孔子的學生曾參，就是這「七十二賢人」之一。

曾參，字子輿，春秋時魯國南武城人。後世都尊稱曾參為曾子，他在儒家的道德修養觀念的架構上有獨到的貢獻。

曾參小的時候家中十分貧窮，他不能像其他貴族子弟一樣只要專心治學或是仕途就可以了；他需要參加農業生產，每天耕田種地、販賣布匹，這樣才能維持生活。不過，曾參很喜愛讀書學習，後來他拜孔子為師，學習詩、書、禮、樂、易、春秋，由於他的勤奮好學，持之以恆，成為孔子最得意的學生之一。曾參當年在鄉間生活的時候，經常是衣襟破爛，有的時候幾天吃不上飯，將近十年沒有製作新衣。有時稍微動一下，帽子就會把繫帽子的繩子弄斷；稍微整理一下衣服，就會捉其襟而見其肘，提起前襟就露出腳後跟。但是他毫不在乎，反而在去工作的道路，拖著鋤頭，推著車子，大聲朗誦《詩經》，聲音洪亮，有若洪鐘，讓路邊的水塘都產生了迴響。

後來魯國國君聽說賢人曾參身穿破舊的衣服在田地裏辛苦耕種，覺得這樣實在和一位賢士學者不相符合，於是就決定送給他一塊封地。國君在賜贈給曾參的時候，派人告訴他說：「請你用這塊封地的收入做一些衣服吧。」曾參扯扯自己身上的破舊衣衫，笑了笑，沒說什麼，也沒有接受。魯國國君很是不死心，反覆派人送來，曾參很堅決地一再拒絕。使者不解地問：「這並不是您向別人索求的，而是人家主動奉送您的。有什麼理由您非不能接受呢？」曾參回答說：「我聽說，接受人家的東西，就要害怕人家；給予人家東西，就要傲視人家。即使魯君的恩賜不會傲視我，但我能不畏懼嗎？」曾參到底是沒有接受。孔子聽到這件事後稱讚說：「曾參說的話，足夠保全他的節操了。」

觸類旁通

如果一個人透過反身自省，感到自己是忠誠踏實的，那便是最大的快樂。如果有人對自己蠻橫無理，作為有道德的人首先要反身自問是否有不對的地方。曾參不接受魯國國君的贈禮，他的德行修養使他即便是別人饋贈，也不可以接受。這樣他才能夠對自己忠誠踏實，也才能得到最大的快樂。

周仁不受賜

漢初有一個郎中令周文，又名仁，因為他品性端正、為人正直，人們多喜歡叫他周仁。他祖籍任城，祖上就以精湛的醫術而遠近馳名。周仁本人更是深得家傳精髓，醫術高超，無人能及。也因此，當時的皇帝常常下旨讓他到宮中行醫，替自己看病。景帝還是太子時，就聽聞周仁的大名，十分敬重，任命他為舍人。

周仁在做太子舍人之時，就盡忠職守，兢兢業業，絲毫不敢有所懈怠。因為政績出眾，為人寬厚正直，職位不斷地得到擢升。景帝即位不久，就升任周仁為郎中令。周仁雖然深受恩寵，位高權重，生活卻十分儉樸，從不奢華的講究排場，也不看重個人的穿著打扮，為人低調，不事張揚，終日裏寡言少語。更獨特的是，他的衣服用料常常與尋常百姓相差無幾，衣服破了，也不願扔了重買，而是叫家人縫補之後再穿。所以，大家都覺得周仁經常穿得破破爛爛，衣服上也總能看到汙跡，完全沒有高官重臣的氣勢，私底下常拿他做茶餘飯後的笑料。有時笑話傳到周仁的家中，身邊的人都十分憤慨，替周仁不值。周仁自己卻從不在乎，往往一笑置之。雖然很多大臣，包括皇帝的妃嬪在內，都覺得周仁看起來髒髒的很不衛生，對他很是厭煩，但是平素就以儉樸自居的景帝卻很敬重他，事事找他商議，徵求他的意見。所以，朝廷上下的人倒也不敢小覷周仁，見了面禮數周到，碰到為難的事也常常找周仁幫忙。

景帝十分瞭解周仁的為人，知道他對皇帝恭敬有加、忠貞不貳，而且平日為人穩重、沉默寡言，就算他看到了皇家一些不能為外人所知的祕聞，也絕不會向外透露半分。所以，景帝對周仁十分信任，即使與後宮妃嬪談笑嬉戲也不避開周仁。不過，終景帝之世，周仁還只是做他的郎中令。多年來，周仁的職務雖然沒有升遷，但他毫無怨言，從不怨天尤人，而是日復一日，一如既往地任勞任怨、盡職盡責。

更難得的是，周仁從不藉皇上的信任，來誹謗、排擠其他大臣，肆意報復、打擊那些和自己有過節的人。就算皇上親自找他詢問別人的情況，周仁也只是回答道：「皇上您仁愛英明，臣相信不用臣多說什麼，皇上也自有判斷。況且，以臣一家之見，任意評斷他人，未免武斷和偏頗，皇上您還是親自考察吧。」相比於很多大臣常常藉機進讒，貶低他人、抬高自己的做法，周仁能如此嚴謹自持，實在難能可貴。景帝也因此更加信賴和尊敬他。

景帝曾經好幾次親自擺駕周仁家中，去探望他，在很多人看來，實在是至高無上的榮耀。所以很多大臣看周仁如此得寵，一個個都想來巴結他，周仁家裏經常門庭若市，很是熱鬧。那些大臣總是想方設法，拿著各種新奇玩意兒和金銀珠寶，來討周仁的喜歡，希望他可以在皇上面前多替自己美言幾句。周仁從不接受這些賄賂，總是如數退還給本人，謹守自己為官的本分，絕不肯恃寵而驕，大發橫財。

有一次，周仁工作變動，要離開京城，舉家遷往陽陵。景帝念他平日節儉，家裏肯定沒有什麼財物，就想賞賜他一些必要的用品和金銀珠寶，好讓他順順利利、舒舒服服地遷到陽陵去。可是每一次景帝提及此事，想下詔令時，周仁都堅決拒絕，不願接受賞賜，他說：「為人臣子，盡忠職守、清廉自處是本分，臣只是做好自己該做的事，俗話說：『無功不受祿』，臣實在受之有愧。」景帝見他如此堅持，也不好再說什麼，只能作罷。

景帝駕崩之後，武帝即位。因為久聞周仁的聲名，武帝對他也非常器重他。當時周仁年事已高，經常臥病在床，無法處理政事，只好上疏請辭，希望可以告老還鄉。武帝還特地下詔，嘉獎兩千石的俸祿供他回鄉養老。周仁的地位可見一斑。周仁的子孫在他謙虛恭謹、儉樸自律作風的影響下，也都品性高尚，個個身居高位，頗有成就。

觸類旁通

周仁作為景帝時的重臣、近臣，深受寵愛和信任，他卻從不因此驕奢跋扈，欺壓他人，而始終堅持恭謹為官，注重德行。不僅不接受他人的賄賂，而且從不恃寵向皇上邀功請賞，多次拒絕皇上的賞賜，一生安於節儉樸素的生活，確實是難能可貴的。人在低位，堅持道德修養已是不易，身居高位，深受追捧，還能不為名位所惑，清醒的保持個人德行，沒有強烈的慎獨意識，是不可能的。我們在略有成就時，更需要提醒自己，嚴格約束自己，絕不能忘乎所以，忘記道德理想。這恐怕是周仁留給我們最寶貴的遺產。

司馬遷拒禮

西漢時期的司馬遷是一位博學剛正的史學家，他家世代都做太史令，以忠實地記錄史實為己任。司馬遷本人一直希望能完成父親的遺願，寫成一部融貫古今的歷史巨著。他從年輕時起，就開始遊歷大江南北，為日後著書搜集第一手的材料。父親去世後，他接任父職，有了進出皇宮藏書館的權利，這樣就更方便他查閱搜集此前的史料，並開始著手寫作。

不過司馬遷作為文人學者，很有股俠氣，為人最講究剛直不阿。所以在他的好友李陵將軍被迫投降匈奴，漢武帝不分是非就要將李陵的家人全部問斬的時候，滿朝文武沒有一個人敢於冒著漢武帝的怒氣，站出來為李陵說句公道話。只有司馬遷直言上書，客觀地分析了整個戰局其敗罪責並不在李陵；李陵之所以投降，完全是權宜之計。希望武帝能夠明察秋毫、辨明是非，不要冤殺無辜，也使李陵的詐降成真。可是怒氣沖天的漢武帝，非但沒有仔細考慮司馬遷中肯的諫言，寬恕李陵全家，反倒把司馬遷一併治了罪。最後在朋友的多方解救下，方才保住性命。但是司馬遷卻不得不接受恥辱的宮刑。儘管司馬遷為了他的道義德行付出了慘重的代價，但是他並沒有因此改變自己的操守，反倒把他中正的見解，對事件的評價糅和到他撰著的《史記》一書中，更在日常言行中不改其衷。

就在司馬遷的《史記》已經修著到當朝的時候，他自著史書的名聲漸漸傳了出去。人們敬重司馬家族為太史令以來的公正客觀，都認為這會是一部留名千古的史書。當時，在朝中最有權勢、最受漢武帝寵信的將軍李廣利，也聽到了這樣的傳言。這個依靠阿諛權謀的小聰明得勢的將軍，突然對自己的身後事感起興趣。他認為，如果司馬遷的書當真像人們傳說的那樣會流芳百世的話，那一定要在其中多留些自己的好話才行，他李廣利李將軍的名號要和這部書一起留名於世。

於是，他就派人送給司馬遷一個錦匣作為禮物。接到禮物的司馬遷覺得很奇怪，自己官小職微，從沒和這個有權有勢的將軍有過往來，更何況他一向不齒李廣利的為人，根本不屑於和這樣的小人有所往來。可這又是為什麼，他會送件禮物給自己呢？就在司馬遷還在蹙眉思索的時候，他的女兒妹娟打開了那只精緻的匣子，不禁驚呼了起來：「哎呀！這……這簡直是稀世之寶啊！」原來這匣子裏放著的是一對人間罕見的珍寶——玉璧。

司馬遷任職宮中多年，什麼樣的珍玩古董沒有見過，可是也幾乎沒有見過這樣完美無瑕的純色玉璧。他看著這一雙玉璧，猛然間明白了李廣利突然饋贈這樣貴重禮物的原因。他不禁搖搖頭，又看著這對象徵潔白無垢的玉璧，大為感慨：「這樣圓潤、這樣光潔，當真是『白璧無瑕』。玉璧如此，人何嘗不是一樣呢？我只是一個平庸而品味低下的小官，從來沒敢以白璧自居，但是如果收下這樣的禮物，那我身上的汙點就會增添一分了。」

司馬遷沒再猶豫，立刻吩咐女兒把這玉璧收好，退還給來人。當然，他在《史記》中公正評價，如實記載了李廣利的種種行為。李廣利對此一直懷恨在心，當《史記》最終完稿的時候，他想方設法使得漢武帝相信，其中對他有極大的不敬，一時將凝聚司馬遷畢生心血的《史記》列為禁書，差點被焚燒殆盡。

但是儘管這樣，司馬遷的伸張正義、不畏權勢，堅守操守中正的精神，和他《史記》一起流傳至今。

觸類旁通

所謂慎獨，就是人們在實行道德自律過程中，要把對自己的嚴格要求擴充到人所「不睹」之處，要把惟恐失德的心理擴充到人所「不聞」之域。只有這樣，人們修身的自覺性才能達到應有的境界。

司馬遷不貪圖物質利益，視金錢珠寶為無物，堅守自己身為史官應有的正義，不為物欲所惑，不因權貴而改章易志，一身正氣，可以說深得慎獨精神之精髓。

雷義獲金付縣曹

東漢時，有個有名的義士叫雷義，字仲公，祖籍豫章鄱陽，自小就傾慕那些品行高尚的古人，一心向善，克己正心。當時他和同郡的陳重義氣相投，彼此惺惺相惜，兩人友情甚篤。有一次，太守想推舉陳重為孝廉，陳重覺得雷義更適合，就向太守推薦了他，只是遭太守拒絕，兩人都沒有做官。後來刺史大人十分欣賞雷義的才華，想推舉他做茂才，雷義又要把這個機會讓給陳重，刺史不聽，雷義於是披頭散髮，裝瘋而去。成語「如膠似漆」，最初指的就是雷義與陳重兩人的情誼。從中我們也可以看出，雷義對朋友極盡赤誠，凡事以義為先。

他任郡公曹時，公正無私，大力選拔那些有才德的人，即便有人去感謝他，他也絕不肯居功，總是把禮物退還給別人。

他曾經審理過一個案子，發現其中有一些漏洞和被忽略的疑點，他順著這一線索追查下去，終於發現了事實真相，使一個原本要被判死刑的人免受死罪。這個「罪人」聽聞這一消息，感激涕零，覺得雷義不計報酬、不辭辛苦，如此主持正義，為自己洗雪冤屈，有如再生之恩，實在無以為報。他出獄後，就馬上給雷義送去兩斤黃金，以答謝其救命之恩，但雷義堅決不收。此人言辭懇切地再三請雷義收下：「若不是恩公，我今日恐怕已經身在黃泉，死不瞑目了。這區區銀兩又怎麼能和您的再生之恩相提並論呢？俗話說：『滴水之恩，當湧泉相報』，我這只是略微表達一下自己的謝意，承蒙您舟車勞頓、殫精竭慮，為小人昭明天理。小人沒齒難忘，絕無褻瀆恩公您名譽的意思。如您不收，我實在內心不安。」說罷，來人淚流滿面，泣不成聲。

雷義忙攙起他，耐心解釋道：「我輩習聖賢書之人，應該效仿聖賢之行徑，為存義理，就算犧牲性命也在所不惜。今日我為你洗冤，本就是分內之事，是我職責所在。所謂『無功不受祿』，你的心意我領了，錢是萬萬不能收的。」兩人推來推去，好幾個來回。來人見雷義態度如此堅決，也不好太勉強，於是告別而出。只是心中既敬佩雷義的節操，又滿懷感恩之心，覺得不將銀兩送出，實在不足以表達自己的心情。於是心生一計，他走到大門之時，偷偷看看四周，趁四下無人，動作迅速地將黃金放到了雷義家的天棚上。

好多年後，雷義家修整房屋時，天棚上的黃金才被發現。雷義思及前塵往事，立刻派人去找當年的那個人，可惜此人已經去世，又尋訪不到他的後人。家裏人見雷義如此大費周章，就勸他：「事情隔了這麼久，你何必這麼耿耿於懷呢？再說他當年既然偷偷把黃金放在天棚上，足見他送禮之赤誠，你就收下吧。」雷義正色拒絕道：「正因為他心意誠摯，我才更不能辜負他的信任，貪圖這本不應該屬於我的錢財。」於是，雷義主動將黃金交到官府歸公。

觸類旁通

雷義有恩於人，不思回報、不貪報酬，在他人堅持送金的情況下，仍然不為所動，而且主動將之歸還於公。

有高尚道德的人在別人看不見的情況下，總是十分謹慎，在別人聽不到的情況下，總是十分警惕。慎獨強調道德主體要尤其警惕在隱蔽之處所做的細微之事，因為它們往往是個人道德修養最真實的反映。這就叫做真實的內心世界一定會在外在的言行中表露出來，所以君子慎行。

楊震慎獨拒禮

楊震，字伯起，東漢弘農華陰人。自小家道衰微，以教授經書、租地農耕侍奉母親，數十年間都拒絕州郡的舉薦。他明經博覽、才思敏捷，有「關西孔子」的美譽。楊震五十歲時，大將軍鄧騭聽說他才學出眾、人品純正，所以特意徵聘他出仕為官。安帝時，他歷任刺史、司徒、太尉等職，一直以正直、廉潔著稱。當時官場黑暗、社會動亂，貪汙行賄、官官相護的現象比比皆是，像他這樣廉潔自持的官員實在不為多見。

楊震由荊州刺史調任東萊太守時，一次因公務途經昌邑，當時的昌邑縣令正巧是他任荊州刺史時舉薦的秀才王密。王密見到楊震後，十分恭敬，並於當天夜晚趕到楊震下榻的驛館前來拜見。王密一心想報答楊震的舉薦之恩，於是拿出十斤黃金送給楊震。楊震一見，斷然拒絕，面有怒色地說：「我是瞭解你的，所以舉薦你為官，為什麼你一點兒也不瞭解我呢？」王密以為楊震怕被別人知曉，心中有忌諱才不願意接受，連忙解釋道：「現在夜色已深，肯定沒有人知道。再說，我酬謝恩師也是人之常情，您就收下吧。」楊震聽了非常生氣，嚴肅地責問王密：「天知神知，你知我知，怎麼能說沒有人知道？」王密見他如此廉正摯誠、正氣凜然，當下心生羞愧，脹紅著臉，帶著禮金，默默地出門而去。

不久，楊震調任涿郡太守。由於他為政清廉、秉公辦事，不接受他人饋送，生活一直不富裕，經常吃青菜和粗糧，出門也總是以步行代車轎。楊震的一些親朋好友見到他這種處境，總是誠意相勸，要他為自己的子孫後代著想，趁在任期間置辦一些私人產業，從中取得利潤。但楊震始終沒有接受，他說：「我要讓後世人稱他們為清官的子孫，把這個作為遺產留給他們，豈不是比可見的金銀珠寶更加豐厚嗎？」

後來，楊震累遷太僕、太常、司徒、太尉之職，位列三公，可謂位高權重，但他從不肯徇私情，不願受人禮物，更不對皇親國戚阿諛奉承，而是一身正氣，堅持原則，試圖力挽狂瀾，糾偏糾妄，與貪佞之徒進行堅決的鬥爭。

當時安帝劉祜的乳母王聖因哺育皇帝有功，加上與皇帝自小親近，就依恃安帝的恩寵，為所欲為。王聖的女兒甚至公然出入於宮廷之中，串通朝臣，結納奸佞，傳遞賄物。她們多次想買通楊震都遭到拒絕。而楊震更是激於義憤，不顧個人安危，上疏皇帝，稱：「王聖憑藉聖恩，貪得無厭，置國家法度於不顧，外交重臣，擾亂朝綱，使聖上聲譽受損，實在天理難容，皇上英明，臣懇請速將王聖遷出宮外，與伯榮斷絕關聯，不讓她們相互往來。」但安帝不僅沒有採納楊震的建議，制止王聖母女的胡作非為，反而把楊震的上疏拿給王聖等人看，使得王聖對楊震更加嫉恨，欲除之而後快。當時的一幫大臣，如中常侍樊豐及侍中周廣、謝惲等，見她們母女如此得寵，紛紛巴結王聖，貪汙行賄。

楊震不顧好友的勸告，再次上疏說：「王聖母女驕奢淫逸，修建津城門內住房，搶占大量土地，房子精雕細刻，極盡修飾，花費過億。樊豐、周廣、謝惲等人依仗內寵奸佞之人，結黨營私，收受賄賂，導致官紀不正，朝政混亂。請皇上嚴加懲治。」安帝由於過分寵信王聖等人，仍然沒有採納楊震的意見。

延光三年春，安帝東巡泰山，樊豐等人趁機偽造詔書，調發大量的錢糧、木材，競相興建家宅、園池，大肆鋪張，耗費無度。楊震的屬吏高舒透過審問一些木匠，得知內情，並將樊豐等人偽造的詔書拿到，呈給楊震看。楊震馬上擬定奏章，準備等安帝回京後再次上疏。樊豐等人得到這一消息後十分恐懼，害怕偽造詔書、挪用公款修建私宅的事跡敗露，竭力想掩飾。正在這時，太史報告星象出現逆行現象，十分奇怪。於是，樊豐等人惡人先告狀，藉此詆毀楊震，說正是楊震對皇帝早有怨恨之心，所以導致星象異常。安帝聽信讒言，下旨將楊震免官，遣返原籍。

楊震離開京師洛陽，行至城西幾陽亭時，心中淒苦，悲憤難抑，對他的兒子和隨從說：「死是重臣志士之本分。我深沐皇恩，身居高位，痛恨奸臣言行無恥而不能誅殺，眼見貪汙行賄之風禍亂朝廷而不能制止，還有什麼面目再見日月！我死後，你們用雜木作棺材，用單被包裹我的身體即可。不要歸葬祖墳，不要祀祭！」說罷，飲下鴆酒自盡。人們聽聞，無不為之落淚，紛紛舉白衣哀悼。

延光四年三月，順帝即位後，楊震冤案才得以昭雪。為嘉獎楊震的忠貞與清廉，朝廷以禮將他改葬於華陰潼亭，並立石碑記載他一生的功德。可以說，楊震的一生就是清廉自持，與貪汙行賄、結黨營私之歪風相抗衡的一生。他的「天知，地知，你知，我知」更是千百年來慎獨、清直精神的典範。

觸類旁通

意志力的培養是內外因素共同作用的結果，它既需要紀律、制度、規範、條例等外在因素的制約，又需要自己的自覺行動。嚴格地說，一個人只有自覺地行動才是意志的表現。楊震在無人監督的情況下，照樣嚴格要求自己，不受重金，保持清正廉潔的作風。所謂慎獨就是在一個人獨處的情況下，也能像楊震那樣嚴格自律，人前人後一個樣，加強自身修養。

管寧割席舉義

三國時期，由於諸雄割據，戰爭頻繁，整個社會動盪不安，百姓流離失所。不少讀書人為了在亂世之中保持氣節，寧願隱居山林，終老一生，也不願出仕為官，違背道義。當時，在北海一帶，有個名叫管寧的書生，就是這樣一位高風亮節，重視個人道德修養的名士。

管寧十六歲時，父親去世。他與母親相依為命，日子過得十分艱苦。鄉親們很同情他的遭遇，主動湊了一些銀兩想幫助他一下。他婉言謝絕了。他認為「君子安貧」，只要有起碼的生存條件就可以了，既然自己還能餬口，就不應該接受他人的饋贈。因此，他在清苦的環境下，堅持高遠的理想，專心治學，一心一意地苦讀詩書、修身養性，絲毫不為財物、名利所動。而且，在任何條件下都嚴格要求自己，表現出高貴的品格。

管寧所在的村子裏，只有一口公用的水井，因此每天前來打水的人很多。每到這時，村民們為了先打到水，都爭先恐後地湧到井邊去搶水桶，你推我搡，互不相讓，常常大聲爭吵、相互咒罵，甚至不惜大打出手。管寧看到這種情形，心裏十分不安，就跑到市集裏買了好幾只水桶，悄悄放在井邊。來打水的人見水桶多了，慢慢地也就不再彼此爭搶，吵鬧打架的事逐漸減少。大家開始好奇這位好心調解糾紛的人是誰，細心一打聽，才知道是管寧做的。大家心裏立刻感到慚愧和自責，紛紛反省自己的行為。自此之後，鄰里關係變得更加和睦、融洽。

當然，他最為人們津津樂道的就是他割席分坐的事跡，和他體現出來的藐視金錢、權貴，一心向學、心無旁騖的精神。

管寧有一個好朋友叫華歆。他們每天一起讀書、一起勞動，彼此監督，互相鼓勵，可謂情同手足。有一天，管寧和華歆一起在菜園子裏鋤草，鋤著鋤著，突然發出「砰」的一聲，華歆聽到聲響，連忙回頭看。原來是管寧的鋤頭碰到了一塊硬物，管寧繼續往下刨，挖出來一看，這硬硬的東西居然是一塊黃金。但是，管寧像沒有看見似的，只當自己鋤到了一塊石頭，絲毫沒有理會，繼續向前鋤草。華歆就在管寧後面，他踮腳看時，也看到了黃金。見管寧不管不顧地扔下黃金走過去，華歆連忙走上前來，撿起黃金，放在手中，入神而貪婪地看著。忽然背後傳來一陣腳步聲，他驚恐地抬頭，原來管寧來到了他身邊。只見管寧靜靜地站在那裏，一言不發，只是用鄙視和責備的目光看著他。他心裏一陣羞愧，雖然心裏萬分捨不得，還是把那塊黃金扔掉了。管寧見狀，心想華歆只是初犯，既然他知錯能改，就應該原諒他，於是也沒有再說什麼，轉身走了。

又有一天，管寧和華歆同在書房內讀書，突然聽見外面一片嘈雜之聲。據說是一個地位顯赫的大臣要經過，只聽得用來開道的鑼鼓之聲、保鏢呵斥眾人的聲音，還有四周熙熙攘攘看熱鬧的人，七嘴八舌地議論紛紛。一時之間，人聲鼎沸，好不熱鬧。管寧聽之任之，彷彿置身於無人之境，只顧聚精會神地看著自己的書。華歆卻坐不住了，連忙放下書本，興高采烈地跑出去看。等到他興奮地跑回來，想告訴管寧外面發生的事情時，管寧已經拿起一把刀，把他們共同讀書時坐的席子割斷，將座位一分為二。華歆目瞪口呆，十分不解。管寧看著他，淡淡地說：「讀書和修德需要心靜如水，不為外物所動，而且要自覺克制欲望，誠心誠意地求道。道不同，不相為謀，你不再是我的朋友了。」

管寧在金錢、權貴的誘惑面前，表現出不屑一顧的態度，一心只以求學修身為目標，而華歆卻貪慕榮華，崇拜權勢，對於求學和修身缺乏真正的誠意。所以，管寧鄙視他，不願與之為伍，憤而割席斷交。

也因此，管寧後來成為名噪一時的有德之士，深受文人志士的推崇和景仰。而華歆在管寧割席的震動下，開始反省自身的道德修養，逐漸消除了以往那些不良習氣，後來官至尚書令，終有所成。甚至曾上書舉薦管寧，願意以位相讓。

觸類旁通

慎獨，除了強調道德修養的自覺性，更強調人內心的誠意，即「誠心修身」，這就意味著無論大小事宜、無論表裏內外，都要謹慎小心，絕對不敢有絲毫的懈怠。管寧的事跡無疑是極好的例子。如果沒有修身的熱情和誠意，我們很難將一種道德理念貫徹始終，至死不違。

甄彬還金

南北朝時期，有一個叫甄彬的人，他心地善良、品行高尚，深得鄉人讚許。雖然家中貧窮，卻不取不義之財。

有一年春荒時節，甄彬家中斷了炊，幾日沒有糧米下鍋，值錢的東西早已被典賣光了，只剩下一捆上年秋天收穫的苧麻，是留著打算織成夏布做夏季衣服用的。如今為了餬口，也顧不得這許多，甄彬只好把它拿到當地長沙寺開設的當鋪裏去抵押，當了錢，好買米下鍋。秋收過後，甄彬湊足了錢，到長沙寺贖回了那捆苧麻。

回家打開苧麻時，甄彬發現裏面夾帶了一個手巾包，打開一看，手巾包裹竟是黃燦燦的金子，足足有五兩重。甄彬對妻子和孩子說：「這些黃金肯定是廟裏道人遺忘在麻捆中的。不是我們應得的東西。別說是五兩黃金，就是一斤，我們也不能見利忘義，據為己有。依我看，這些東西還是還給人家的好。」家裏人都表示讚同。

長沙寺的道人見甄彬送回來的金子，才猛然想起：那是不久前，有人用這包金子做抵押來換錢，當時沒來得及放好，順手塞進痲捆裏，事後也就忘了。若不是甄彬主動把金子送回來，他竟不知道金子是怎樣丟失的。道人見金子失而復得，非常感激甄彬，執意要把一半金子分給甄彬，甄彬說什麼也不肯接受，兩個人推辭往復了十多次，都被甄彬謝絕了。甄彬對道人說：「我雖然家境貧寒，但不能見利忘義。歸還金子是我分內之事。」道人見他執意不收，只好作罷，感歎道：「誰能想到大熱天還穿著羊皮舊襖上山砍柴的人，卻是一個實實在在、拾金不昧的君子啊。」一日後，道人們逢人便講述此事。

後來，甄彬被梁武帝蕭衍任命為荊州刺史梁藻的參軍兼郫縣縣令，將要上任之前，他依照慣例，前去拜見皇帝，並且辭行，同時去辭行的一共有五位官員。梁武帝分別告誡他們為官一定要忠於職守，注意保持廉潔。輪到甄彬時，梁武帝說：「昔日，朕尚未登基之時，就聽聞你有還金的嘉行，所以對你就不用囑咐這句話了。」

自此，甄彬的德行更加廣為流傳，成為世人心中的楷模。

觸類旁通

所謂君子重義輕利，並不是叫人們不要利，而是強調不要貪圖不屬於自己的利和不合道德的利，拾金不昧正是這種對義利的應有之解。君子慎獨，就是在人所不知的情況下，不欺人、不自欺，誠心實意地堅持自我修身，堅守道德原則。惟有如此，才能把慎獨落實。甄彬在他人都不知情的情況下，主動還金，可見他對自身德行修養的重視和嚴謹，難怪梁武帝對他的人品如此信賴。

李幼廉不為美色金錢所動

俗話說得好：「有錢能使鬼推磨」，「英雄難過美人關」。歷史上偏偏有些人為了堅持自己的原則和理想，一身正氣，不貪慕榮華富貴，不沉淪於金錢、美人的誘惑，什麼樣的收買和賄賂都無濟於事。北齊時的李幼廉就是這樣的一個人。

李幼廉，又名李稚廉。他是北齊趙郡商邑人，自小就不喜歡要別人的東西，不管別人怎麼塞都沒用。據說有一次，有人不相信，將一個金光閃閃的元寶硬塞進他的懷裏，心想：他看到這麼大的金元寶總該會動心了吧。結果，等那個人一鬆手，李幼廉就把元寶扔在了地上，這也是為什麼後來家人給他取名幼廉的原因。

李幼廉長大後果然一如小時候，為人清心寡欲，不貪戀功名利祿和所謂的豪奢舒適的生活。他很早就步入仕途，一直以為人正直、為官清廉、不畏權貴、不收賄賂，而備受百姓愛戴。曾經有人偷偷拿黃金珠寶送給他，他當場扔到地上，告訴來人：「你以黃金珠寶為寶，而我以保持清廉名節為寶。」來人只好灰溜溜地走了。

後來他在朝中任職時因為不願意巴結、逢迎那些受後主寵信的奸佞小人，得罪了他們，因而遭到排擠。那些佞臣拚命在後主面前數落李幼廉的不是，最終李幼廉被趕出了朝廷，調到青州做刺史。

他剛到青州上任，就嚴明法紀，懲處不法之徒，藉以安定民心，整頓民風。青州當地有一個惡霸叫徐乾，仗著自己家財萬貫，無惡不作，為人殘暴專橫，專門欺壓百姓，百姓們私底下都稱之為「青州一害」。曾經有百姓不堪忍受徐乾的欺壓，憤怒的跑到衙門告狀。可是幾任州官都被徐乾買通，對他百般庇護，沒有一個人肯出來為百姓做主，主持正義。百姓們只好忍氣吞聲，敢怒而不敢言。徐乾更加囂張跋扈，無視王法，無法無天。

李幼廉剛剛上任，正好碰到徐乾觸犯刑律，他自然一點也不手軟地把徐乾逮捕入獄。百姓們聽了這消息，心裏直犯嘀咕，紛紛傳言一定是這個大老爺沒及時收到徐乾的送禮，心生不滿。還有人私下打賭說徐乾不過幾天一定會被放出來。

徐乾心想，自古以來錢可通神，前幾任州官都是用銀子就輕而易舉地打發了，這李幼廉肯定也不例外。他祕密傳話給家人，讓他們取黃金百錠，外加找一個國色天香的美人，一起悄悄地送去給李幼廉，不信他不收。想不到，李幼廉一見到黃金、美人，就衝送禮的人大發雷霆：「你們把我李幼廉當成什麼人！人人都說『有錢能使鬼推磨，英雄難度美人關』，我李幼廉就偏不吃這一套。徐乾作惡多端，為害鄉里，百姓深受其害，對他深惡痛絕。我李幼廉豈會受你這些財物就無視百姓冤屈，任由他胡作非為。你回去告訴徐乾，就算他傾家蕩產，把全部身家都堆在我面前，他也難逃法律的制裁。」一席話說得正義凜然、義正詞嚴，來人見到這種情形，又驚又嚇，趕快拿著黃金，帶著美人走了。

徐乾見一計不成，心生二計，心想你李幼廉再廉潔也是做給別人看的，世上沒有不愛腥的貓，也沒有不愛錢的官。你想保持清譽，人前自然裝得廉潔，我趁夜黑風高，神不知、鬼不覺地送去總可以了吧。他又暗中派人給李幼廉送去黃金百兩，偷偷地藏在李幼廉屋角裏不易被發覺的地方。這一招可謂狠毒，如果李幼廉肯網開一面大家自然相安無事，如果李幼廉堅持懲治他，他就利用藏在屋角的這百兩黃金誣陷李幼廉貪贓枉法。沒想到，李幼廉發現黃金後，立刻命人將贓金擺在街上，公之於眾，以示自己的決心。百姓見了，這才確信李幼廉真的是一個廉潔正直，值得他們信賴的好官。於是紛紛跑到衙門去揭發徐乾強霸民女、魚肉百姓的種種罪行。李幼廉下令行刑官，毫不猶豫地將徐乾處以死刑。百姓們交口稱好，都齊聲稱讚李幼廉是為民做主的清官，而李幼廉這種不被金錢、美女所惑，一身浩然正氣的行為也為世人所讚歎，被視為為官的楷模。

觸類旁通

金錢、美人大概是人最不能抵禦的兩種誘惑。而李幼廉一身正氣，視金錢和美人為無物，堅持自己為官的原則，絕不願意出賣自己的人格。這種對於道德準則的忠貞，不可謂不讓人敬佩。事實上，能否堅持道德修養，重要的就是能否拒絕誘惑。李幼廉無疑是很好的楷模。

韋貫之不通饋遺

唐憲宗時擔任宰相的韋貫之，政績卓著、才學過人，在中唐是一代賢德名相。而且，韋貫之待人接物只按照應有的道德準則，絕不輕易違背改變，是個性中正耿直之人。

在唐代，請人撰寫碑誌成風，花錢請名人為死者作文，刻於碑石之上，稱述生平功德。這些形同「潤筆」的錢就被稱為「饋遺」。多數人認為只有這樣才能夠傳名於後世，仍然在世的親人才算是告慰逝者。唐代文人、士大夫因接受請託和貪圖財物，為人作碑誌時常常褒揚過實，多被後世諷為「諛墓」。只要有錢，哪怕死者是惡霸流氓，同樣把你寫得光芒四射，流芳百世。

韋貫之作為當時著名的官員文士，自然有不少人希望能得到他撰寫的墓誌銘，認為這不但是去世的人，就是對於生者也是與有榮焉。可是，韋貫之為人作銘，從來中肯有度，評價持重。對於他尊敬的人，或是應當尊敬的人，他可以分文不取；但是對於那些生前行為不端，死後卻希望浪得虛名的人，就算是黃金萬擔也換不來他的些許筆墨。

裴均與韋貫之政見不同。最關鍵的是韋貫之認為裴均做事可以為達目的不擇手段，是毫無操守品行的人。他一向恥於和這樣的人有所瓜葛往來。可是，裴均生前留給子女遺命是，自己的墓誌銘要由韋貫之來寫，無論饋遺要給多少。也許裴均到死都認為，天下沒有不為利所動之人吧。於是在裴均死後，他的兒子帶著一萬匹絹帛來請韋貫之撰寫碑誌，這筆饋遺是很豐厚的。換了有些人，恐怕就算是不共戴天的仇敵，也早就寫了。

一篇碑文，少至幾十個字、幾百個字，多則千把字，大筆一揮，立即可得的，何樂而不為？可是韋貫之說死不寫，骨頭硬得很。他覺得為這樣的人寫墓誌銘，還不如自己從此不再握筆為文。書生風骨，昭然存世。最後，裴均的兒子見沒可能說服韋貫之，只好灰溜溜地離開了。

觸類旁通

慎獨必須以誠意為前提，只有誠心實意地堅持自我修身，才能把慎獨落到實處。不因時勢的變化、不因環境的變遷而改變自己的道德節操，才算得上是有道德修養。韋貫之不為豐厚的饋遺所動，而放棄自己為人為官的原則，替無行之人作墓誌銘，我們要尊重和學習的正是這種始終不變的道德精神。

林積還珠不取酬

唐德宗朝有個秀才，南劍州人，姓林名積，字善甫。為人極為聰慧，博聞強志、飽讀詩書，九經三史，無不通曉。而且孝悌謙恭，心性耿直忠厚，頗受鄰里盛讚。當時，他因為成績優秀，被鄉里選入京師太學讀書。求學期間因母病，乞假回家，侍奉母親之病。在他的精心照料下，沒過多久，他母親的病就痊癒了。林積這才長出一口氣，看著也在家裏耽擱了不少日子，他得趕緊趕回太學。

就這樣，雖然依依不捨，林積還是免不得暫別母親，辭別親戚鄰里，帶著跟班的小書僮挑著行李，一路匆忙趕往京師。路上飢餐渴飲、夜住曉行、無路登舟，走了很久來到蔡州。進了蔡州城，天色已晚，主僕兩個便找了家旅舍投宿。他們挑了一間寬潔房子，書僮安頓好行李，林積也稍事休息，就和店家要了熱水討了湯，洗了腳，隨便吃了些晚餐，無事閒坐。不一會兒，就到了點燈時分，林積覺得這幾天連日趕路，真是累了，反正也看不進去書，於是就讓小書僮安排床鋪，準備早點休息，第二天早些趕路。

林積看書僮倒頭就睡熟過去，知道這孩子幾天來也辛苦得不得了，便沒有再驚醒他。自己脫了衣裳倒在床上，卻翻來覆去睡不著，總覺得有什麼東西在床板上，硌得背生疼，怎麼也睡不著。最後，林積翻身坐起，藉著壁上有燈，尚有微光，揭起席子來一看——只看到一個布囊，囊中還有一錦囊，當中居然裝著上百顆成色形狀俱佳的東珠！這在當時確實是一筆不小的財富，就是一般的殷實小康之家，也能過上好幾年衣食無憂的生活了。林積知道這一定是此前住在這裏的客人一時不慎，忘在這裏的，現在當真不知道著急成什麼樣子。不過，這個時候，就算自己有心將失物歸還，又到哪裏尋人？於是就先將珠子收於書箱中。

到了第二天早上，天光剛剛放亮，林積就起來洗漱整理，一切都打理完畢，他就讓小僮拿好行李，走出房來，問店掌櫃：「前天晚上是什麼人在我那個房內住宿？」店掌櫃說道：「哦，是一個富商。」林積心下明白，必定是這個富商的珠子，心中略一盤算，就對店家說：「這是我的老友了，我們相約見面，看來是錯過去了。只是現在我有要事在身，不可能再等著我這朋友。店家，煩勞你一件事，要是他回來尋我，就請告訴他，我在京師太學堂貫道齋等他。只需要問一下林上舍名積字善甫，就會有人通傳的。千萬！千萬！不可誤事！」說罷，付了房錢，拱手作揖辭別。

小僮在前面挑著行李什物，林積在後面走著，這一路上還是放心不下，總是害怕店家忘了，於是就沿途讓書僮在牆壁粘貼一張告示說：「某年月某日有劍浦林積假館上庠，有故人『元珠』，可相訪於京師太學貫道齋。」就這樣一路不停，終於回到太學，消了假，仍舊歸齋讀書。

再說這囊珠子的主人，富商張生。那天他一個不小心，把珠子丟在了客棧，竟然直到珠寶行要看貨取錢時才發現已經丟了，心中大驚，直覺得三魂去了兩魂，連聲叫苦道：「哎呀！這不是要了我的命嗎！我辛苦了這麼多年，才選得這包珠子。就這麼丟了，回到家裏也沒辦法向妻子孩兒交代啊！」再三回想，也不知會失於何處，只得沿路店中找尋。直尋到林積所住的店去，問店家時，店家說：「我哪裏知道你丟了什麼東西？」張生又問：「那……我住過之後，還有什麼人在此房中休息？」店主人猛然想起林積交代的話，忙說道：「差點忘了！你住了以後，是有個讀書的官人來住了一夜，第二天一早就起身離開。臨行時吩咐過：「有人來找時，可千萬讓他到京師太學貫道齋，問林上舍，名積，就會有人通傳的。」張生一聽，覺得言語蹺蹊，雖然沒說什麼，但心下思量：「會不會是這個人撿到了我珠子？」於是立刻離開了旅店，直奔京師路。沿路看到貼著告示其中有「元珠」之句，略略放心。

張生終於來到了京師太學，連休息都顧不上，就直接到貫學齋詢問。張生在茶坊喝茶，問茶店的小二：「這裏可是有個林上舍？」小二說：「上舍姓林的很多，不知是哪個林上舍？」張生說：「貫道齋，名積，字善甫。」茶博士馬上恍然說：「這個，是個好人啊！」張生一聽說是個好人，心下又放下二三分。張生說：「上舍多年的遠親，不相見，怕忘了。若來時，煩請指引一下。」正說著，小二就指著從遠處走來的一個人說：「那走來的官人便是了，他在我家寄衫帽的。」張生見了，也不敢貿然造次。林積入茶坊，脫了衫帽，張生方才向前，看著林積，就要跪下行大禮。林積一見，不禁慌了手腳，趕忙扶住張生說：「男兒膝下有黃金，這位兄臺怎麼毫無緣故就要拜我，這如何擔當得起？」

只見張生簌簌地淚如雨下，哽咽了說不了話。過了好一會兒，才把這件事一一細說一遍。林積聽完知道可能是失主前來尋珠了，但也不敢大意，就說：「不要慌，失物就在我那裏。我且問你，裏面有什麼？」張生說：「布囊中有錦囊，錦囊裏有上好東珠百顆。」林積寬心，笑著說：「就是這個了。」當即帶著張生到他住的地方，取物交還。張生一見真的是自己丟失的珠子，感激得不知如何是好，他對林積說：「就是它了……哎呀，真不敢相信，我竟能找回來！要不是兄臺，怕是我一家老小只能潦倒街頭了。我只要拿回一半，回去可以養家就好了，這樣就已經感戴恩德啊。」林積道：「這是哪裏的話！我要是當真想要你一半，還用沿路粘貼告示，等著你來找。」張生再三不肯都領，情願只拿一半，林積則是堅持不受。

如此數次相推，張生見林積再三再、四不接受，更是感戴洪恩不已，就帶走了全部珠子。只是他將其中一半在集市賣了，所賣的錢都捐給有名佛寺，給林積建立了生祠供養，以報答還珠之恩。林積後來一舉及第。後人有詩稱讚這件事云：林積還珠古未聞，利心不動道心存。暗施陰德天神助，一舉登科耀姓名。」

觸類旁通

君子貴胸襟坦蕩，不以小利微益陷他人於慘澹悲苦的境地。這就是所謂的「君子成人之美，不成人之惡」的解釋之一吧。作為儒家道德修養的重要標準，君子之心之量，是重要而又難以達到的。

能夠像林積這樣，不但撿到東珠不私藏，還想盡一切辦法交還失主，當真是君子的行為典範。

裴度守義還失物

唐代宰相裴度未做官時，因父母雙亡、家境貧寒，又不肯跟隨姨父王員外做生意，只得寄居在山神廟中，生活毫無著落。幸好附近白馬寺的一個長老，念他孤貧而且品性純正、才華橫溢，願意供給他齋飯，他才不至於流落街頭，三餐不繼。裴度連續幾次參加科舉考試，都名落孫山，十分不順利。這樣一來，他的日子就過得更加困頓，常常穿著破舊不堪的衣衫，而且面帶菜色，看起來很虛弱。附近一位相面的孫秋壑先生常常見到他就感歎地說：「你這個人相貌奇特，如果做不了官，就得餓死。」裴度聽了，覺得這只不過是玩笑話，也就滿不在乎，一笑置之。

有一天裴度讀書讀累了，窮極無聊，想去到處逛逛，就拿了一本書，跑到香山寺去遊玩。他悠閒地四處張望，一會兒看看寶殿佛像，一會兒看看進香拜佛的遊客。就在這個時候，他無意中看到一位風塵僕僕的婦人，一身素衣，背個包裹進到了佛殿。那婦人一臉愁容，神色恍惚、神情悲苦，似乎滿懷心事，不得解脫。裴度不由自主心生同情，就多看了兩眼。只見那婦人把包裹往佛像旁邊一放，眼淚不停地往下掉，一邊虔誠地低頭跪拜，一邊哽咽著口中喃喃自語地祈禱起來。裴度心想：定是她的家裏發生了什麼不幸的事，才如此悲痛，自己不便打擾人家，還是走吧。想到這，他默默地轉身離開了。

過了一會兒，裴度在殿前殿后轉著，念了幾頁書，不知不覺又走進殿中。那婦人已經不在了，奇怪的是，包裹卻還放在那裏。裴度猜到肯定是婦人悲痛欲絕，一時疏忽，忘了拿包裹。他天生古道熱腸，富於同情心，想也沒想就抓起包裹追了出去，可惜不見婦人的身影，估計早已經走遠了。

裴度心想：婦人遲早會想起來轉回頭尋找包裹，自己若不替她好好保管，說不定包裹被別的香客撿去，就再也找不回來了。於是他就在殿門口找了個地方坐下，懷裏抱著包裹，一邊看書，一邊等候。年輕人畢竟好奇，他等了好一會兒，也不見婦人前來，便忍不住打開包裹看個究竟——裏面居然是兩條寶帶！裴度生活雖然窮困，但祖上也曾經做過官，自己也跟著見過不少世面，所以認得這一條是玉帶、一條是犀牛角帶，每條價值都在數千兩銀子以上。如果拿去變賣，換些柴米油鹽回來，足可以供自己全家人吃大半輩子了。

但裴度卻絲毫沒生這個邪念，只是感歎了一下寶帶的精緻，就重新把包裹繫好，繼續坐在那裏等。一直到天黑，他腹中空空，飢餓難耐，還在那裏傻乎乎地等啊等啊。陸續出寺的遊客，見了裴度這模樣，都覺得這年輕人太奇怪了，不知道是不是腦子犯了病，傻傻地坐在這裏等了一天，已經仁至義盡，就算他把包裹據為己有也不為過，何必這麼執著地想要物歸原主呢？等了大半天，眼見夜深了，仍然不見婦人的蹤影，裴度無可奈何，只好把包袱帶回住處。寺中的飯菜早已涼了，他只好胡亂地扒了幾口冷飯，姑且用來充飢。想到包裹裏面的東西價值連城，那婦人肯定心急如焚、寢食難安，裴度也覺得心裏不安，整夜輾轉反側。於是，他乾脆爬起來看書。

等到第二天天一亮，他就匆匆忙忙帶了包袱，又跑到香山寺去等。此時，佛寺剛剛開門。只見那個粗心大意的婦人急匆匆地往佛寺這邊趕，一路上跌跌撞撞，差點摔倒。她一邊哭，一邊在寺院周圍來回徘徊，神情驚惶，悲痛欲絕。

裴度連忙上前詢問，原來這婦人的父親遭奸人陷害，身陷牢獄，不久就要被處斬。她好不容易向父親的朋友借來這一條玉帶和一條犀牛角帶，價值不菲，本來希望用這些財物打通關節，解救父親出來。誰知自己一時糊塗，跑來香山寺為父親祈禱求福時，把東西弄丟了，現在不知如何是好，只怕父親是逃不過這場災禍了。

裴度聽婦人哭訴完之後，就把包裹拿出來，請婦人清點。那婦人喜出望外，哭著拜謝裴度，說：「若不是恩公，民婦今日恐怕只有一死了之，到九泉之下陪伴含冤而死的父親了。」裴度連忙回禮，說：「不貪圖他人的錢財，拾金不昧，正是我們深受聖賢教誨之人該做的事。」婦人十分讚歎地抬頭看了看裴度，只見他面有菜色、穿著破舊，覺得他生活必定清苦貧困，心中很是不忍，就抽出一條犀牛帶想請裴度收下。裴度哪裏肯收，婉言謝絕，將婦人送走。

這件事很快就傳遍了大街小巷。那個相面的孫秋壑一見裴度，立即翹著拇指說：「年輕人，你積了陰德，將來必定位至三公。我的話要是不應驗，你砸我的招牌。」裴度聽了，覺得這是奉承話，還是滿不在乎，沒想到後來真的位至三公，成了「身繫唐朝三十年」的中興名臣。

觸類旁通

君子慎獨，就是在無人的情形下，不欺人、不自欺，自覺地堅持自我道德原則，保持道德修為，惟如此，才能實現慎獨的目標。

裴度生來貧苦，靠人救濟才能維生，處於三餐不繼、衣食難飽的狀態。在這種困苦的狀態下，還能堅持見財守義，不起貪念，執著地還金於人，實在是值得敬佩。

宋清見利不忘義

宋清是長安藥市上一個賣藥的人，他為人忠厚，生意做得十分實在。他積儲了很多好藥，不論是從山區，還是從水澤邊來的人，都到宋清那裏買藥。長安的醫生用宋清的藥配方，很容易銷售，都很讚揚宋清。生病、生瘡的人，也都樂意買宋清的藥，希望疾病能早日痊癒。

宋清樂於人們對他的信任，總會以更大的熱情、更好的良藥回報給顧客。沒有錢的人，寫張欠約就把賣藥給他，結果債券堆積如山，他從不去收債；不寫欠約的，也會先把藥賒給他。年終，估計不能還欠帳的，他就把欠債券燒掉，從此再也不說某人欠債的事。市人笑他，有的說他癡傻，不過也有人覺得他有德行，說他這樣的行為叫做「有道」。

對此，宋清說：「賣藥盈利是為了養活妻子兒女，沒有什麼『道』與『不道』；說我傻，就錯了。我積蓄藥材四十來年，所燒毀的債券有一百多。從人員說有當大官的，從地域說數州郡皆有。那些俸祿高的人，前來饋贈的也不少。雖然有一些人不能立即還債，賒帳未還而死了的人也不計其數，但不妨礙我的富裕。我之取利從遠處、大處著想，豈能以小市民的眼光看問題！一文錢收不回來，就暴跳如雷，大罵欠債者。用這樣的方法求利，不是太淺薄狹隘了嗎？我看這樣的人，才是真正癡傻的人。」宋清以誠信獲得大利，又不妄為，始終堅持誠信之道而不廢棄，最後終於發財了。求藥者越多，他供應就越廣。即是對被罷了官或沉淪的人、貧窮潦倒的親戚朋友，也不怠慢他們，照樣給予他們藥。這些人一旦再次掌了權或者發達了，都對宋清予以十分優厚報償。

這個故事說明，宋清用仁愛、善良、誠實之心做藥生意，最後獲得了大利。這是一個以誠信生利、以誠信取利的生動故事。

觸類旁通

儒家提倡「見利思義」不是一般的反對利，而是要求要正確處理好利益和道德的關係問題。所謂「利以義修，名以清修」，就是在利的面前要考慮所得、所取是否合於義，合乎道德。「慎獨」最講求克己正心，也就是不為貪念所役使，忘卻該有的道德修養。宋清雖為一介商賈，卻以德行為寶，不行無義之事、不取無義之財，真正做到了「見利而不忘義」。

許衡不食無主之梨

許衡，元世祖前期曾任過中書左丞、集賢大學士兼國子祭酒，可以稱得上地位顯赫。他自小就喜愛讀書，常常如飢似渴地捧著聖賢之書研讀，讀到入神時往往廢寢忘食，渾然不覺時間的流逝。因此，他對於古代的典籍往往出口成誦，十分瞭解。更難得的是，他不僅細心研究書中的要義、宗旨，而且注意領會書中的精神，身體力行。在實際生活中，時刻以書中所講的義理、準則約束自己的言行舉止，絲毫不敢懈怠。

許衡青年時期，正值蒙古軍隊大舉攻金之時，到處兵荒馬亂，人心惶惶。加上禮法鬆弛、制度廢止，整個社會處於風雨飄搖之中，一片混亂，隨處可見破敗的村莊和逃亡的老百姓。有一年夏天，許衡和一些人結伴而行，躲避戰亂。路過河陽（今河南孟縣）時，正值烈日當空，連一絲風也沒有，太陽以強烈的光芒照射著大地，烤得萬物都好像要燃燒起來。路人一個個大汗淋漓，四處尋找陰涼的地方避暑。許衡一行人已經走了很久，一路上水也喝光了，加上炎熱無比的天氣，大夥又累又渴，全都筋疲力盡地恨不得癱坐在地上，於是邊喘氣邊拖著腳步尋找水源。

突然有人發出驚喜的叫聲，興奮無比地指著路邊不遠處叫到：「大家看啊，有個果園！」眾人順著他的手勢看過去，果然，就在前面的果園裏有棵長得無比茂盛的梨樹，樹上掛滿了誘人的大梨，看來汁水豐富、十分甜美，卻無人看管。再也沒有什麼比這更能讓飢渴的眾人興奮了，大家一下子變得精力充沛起來，爭先恐後地擁進果園，摘下一堆又一堆的梨，狼吞虎嚥起來，一邊吃一邊高興地感歎今天的運氣好。只有許衡一動也不動，他雖然也和大家一起進了果園，卻像沒看到梨似的，獨自坐在樹蔭下閉目休息。

一個同伴抬頭見到他的舉動，覺得不可思議，於是問道：「你怎麼不吃呢？」他回答道：「這梨不是我的，我怎麼能隨便吃呢。」正在吃梨的大夥兒認為許衡太呆了，全笑起來，七嘴八舌地說：「現在是亂世，兵荒馬亂的，人們全忙著四處躲避兵禍，這梨園早就沒主了。」許衡毫不動心，嚴肅地說：「梨是沒主了，可自己的心難道也沒主了嗎？」就這樣，儘管他和大家一樣又熱又渴，卻始終沒動一個梨。

觸類旁通

亂世之中，兵荒馬亂，章法制度混亂，整個社會可以說完全處於無序狀態。對於亂世之中的人而言，生命安全失去了保障，如何求生、如何保全自己，成為唯一要緊的事；他們往往疲於奔命，自然顧不上什麼道德大義、什麼禮義廉恥。也正因此，許衡的可貴才體現出來。

吃無人看管的果園裏的梨，只是一件極尋常的事，甚至與道義、守禮無關。只有許衡做到了始終如一，無論盛世或亂世，都遵守一條最樸素的原則——絕不不問自取。所以他拒絕吃梨，實際上是拒絕放任自己，拒絕因亂世而放棄最起碼的原則。而這也正是「慎獨」精神裏最重要的要求。

假銀投河，真金投面

明朝時，有個叫馮俊的書生，自小家境貧困，生活拮据，一家人過得十分清苦。到朝廷舉行科舉考試的時候，他只能孤身一人帶著家裏人好不容易湊起來的一點錢到京城投考，但是路途遙遠，家裏的那點錢肯定是不足以應付的。馮俊想來想去，決定帶著一些家鄉的特產上路，這樣一邊走一邊沿路販賣，多少也能掙些銀兩供路上吃穿住用。

有一天，他好不容易走街串巷，走了將近大半天才賣出去一些土產，於是興高采烈地用換來的銀子跑到附近一客店吃飯。結果當他掏出銀兩結帳時，店主發現他的銀子是假的。顯然他被別人騙了。馮俊大吃一驚，很不好意思地連連道歉，從口袋裏掏出離家時帶的一些銀子付了帳。店主見他一身書生打扮，看起來家境不好，心想這上京趕考路途遙遠，他靠賣特產才能辛辛苦苦地掙這麼點錢上路，於心不忍，就給他出了個主意，讓他把這些假銀子一點一點分散著花，今天到這家買幾個包子，明天到那家買些日用品，後天拿出來付點茶錢，反正許多人一時間也難以辨認出銀子的真假，慢慢地錢就花出去了，還可以解解燃眉之急。馮俊聽了堅決地搖了搖頭。他說：「我深受聖人教誨，深知『己所不欲，勿施於人』的道理，況且我怎麼能做這種坑害他人，陷自己於不義的事呢？」他謝過店主之後轉身離開了。走著走著，他看見路邊有一條小河，為了不讓這些假銀子再流通於市面上，坑害他人，他毫不猶豫地將銀子全投進了河中。

後來，馮俊金榜題名，中了進士，逐漸受到朝廷的重用，身居要職。一天，他一個朋友的兒子為了求馮俊幫他謀取一官半職，特地派人送來四塊價值不菲的墨臺。馮俊打開盒子一看，四塊墨臺都是紫金做的，價格十分昂貴。馮俊當下大怒，將紫金扔回給送來的人，斥責到：「如果這個人真的品性篤厚、才學出眾，你就算什麼都不送，我也願意推薦；如果他心懷不軌，毫無才學可言，你就算再拿來四塊金，我也不會推薦的。你還是把禮物收回去吧！」來人碰了一鼻子灰，只好帶著四塊墨離開。

觸類旁通

這兩件事都是在別人毫不知情的情況下做的，馮俊本可以用假銀充作真銀，解決旅費的問題；他也本可以收下紫金，賣朋友一個人情，但他都拒絕了，只因為他更看重自我的品性和修養，不願意為了一時之利，違背起碼的原則。所以，他堪稱慎獨的模範。我們常常也會遇到這樣的問題，到底是自身利益重要還是道德原則重要。我想馮俊已經做出了很好的示範。

阮湘圃恥得不義財

清代著名學者阮元的父親阮湘圃，出身並不富裕，家境較為貧寒，但誠實守信，潔身自守，以守義明禮稱頌鄉里。

有一天，阮湘圃要到鄉學去取一封盼望已久的信函，那是京中的好友幫他聯絡到的，可以繼續進京讀書的機會。阮湘圃起了個大早去縣城，一路上他猜度著，事情到底進行得怎麼樣了，自己是不是很快就可以上路進京？這不只是一個難得的讀書機會，更為重要的馬上就快科考了，要是這次能夠有機會到京師去，那豈非省了不少力氣？阮湘圃心中焦急，腳下加快，不多久就來到要進縣城必須要過的渡口。這時候，阮湘圃才知道今天自己走得是多麼快。往日，他會恰好趕上每天渡口的第一班渡船，可是今天，那船上的艄公還在悠哉地收拾槳、舵、纜繩。阮湘圃也不禁為自己的心急感到好笑，他只好在渡口邊走來走去，耐心等待著開船的時間。

就在阮湘圃好似遊戲一樣在岸邊的草叢裏踢來踢去的時候，一個重重的東西絆住了他的腳。他非但沒能把那個物件給踢起來，反倒被撞得腳趾生疼。阮湘圃俯身把濃密的雜草撥開，發現原來是個不小的包裹。他摸了摸，似乎硬硬的，打開一看，原來裏面有許多白銀和還有一封公函。他頓時感到這件事「上關國務，下繫人民」。這時，渡船就要起錨了，可是阮湘圃決定應該在此等候。

時間一分一秒的悄悄溜走，阮湘圃看著渡口開往縣城的船一艘一艘的起錨，一艘一艘的靠岸。眼見著最後一班渡船也起錨開走了，可是仍不見有人來尋找丟失的包裹。阮湘圃的心也像漸漸西沉的落日，一點點沉了下去。就在這時候，他發現不遠處來了一個人，那人在岸邊尋覓了一會兒，然後好像很洩氣的樣子。接著，癡癡傻傻地盯著河水看了一會兒，就向河中走去，看樣子想投水自殺。阮湘圃趕快奔過去，一把把那人拽了回來，問他怎麼這麼想不開？對方回答說，自己是個差役，本來是要送一封極為重要的信函到省城府衙的，結果一時不慎，丟掉了裝有路費和信函的包裹。這樣不僅連累了自己，還連累了自己的上司，不如先死了好。湘圃趕快把包裹還給他，那差役看著有若性命失而復得的包裹，不知怎麼感謝阮湘圃，而阮湘圃不願留下姓名就告別了。

後來，阮湘圃的兒子阮元中了進士當了大官，一次督學浙中，巡察各地，來到了家鄉附近，就駐紮在紹興。就在這時，有一位家鄉老朋友來拜訪湘圃。湘圃以禮相待，朋友見面，寒暄敘舊過後，來人彷若不經意地問：「你還是那麼清貧嗎？」阮湘圃哈哈一笑，豁然答道：「我家本來就很貧寒嘛！」老鄉就勢拿出兩張紙說：「這兩張契約價值千金，現送給你老先生。賢侄已經在京中任職，怎麼也不可以……」還沒等那人說完，湘圃憤怒地批評說：「我平生就是以為得不義之財為可恥，所以才一輩子貧窮，你為何不吝惜千金，無故酬謝我？你是不是有什麼要求我的兒子？我的兒子受朝廷的恩惠，清正廉潔，還不能報答萬分之一，你能用這種手段來玷汙他嗎？你如果以禮相訪，我以禮相待；你如果以賄賂而來，你今天恐怕出不了我的門檻。」其人愕然，叩頭狼狽而逃。

觸類旁通

「義利觀」是儒家最為精髓的思想，儒家最根本的主張是「以義統利」。孔子說「見利思義」，孟子說「先義後利」，均把義作為重要的價值取向。能夠全大義、忘小利，不管是什麼時候、什麼地點，都能夠以大義自律自警，不因為一時之利而損長久之義，也是儒家慎獨思想的重要方面。
阮湘圃能自覺地克制自己的物質欲望，在旁人不知的情況下，堅持義理，以收受賄賂為恥，正是重義輕利的最佳注釋。

蔡勉旃堅還亡友財

蔡勉旃，清朝吳縣人，為人坦誠，一向重信守諾、急公好義，對朋友推心置腹、赤誠以待，所以深受他人的信賴和愛戴。

有一次，他的一個朋友外出做生意賺了一大筆錢，回家途中，特地來看望蔡勉旃。兩人許久未見，談得十分投機。臨別時，便對蔡勉旃說：「蔡兄，我回家心切，一時粗心沒有將錢換成通券，這心裏實在忐忑不安，不如先存放在你這兒，有勞你先替我保管。日後我抽個空，過來換成通券後再取走。」蔡勉旃十分痛快地答應了：「舉手之勞，你不必太客氣。」一邊說，一邊吩咐家裏人去拿紙筆，好寫個字據留給朋友。朋友連忙笑著阻止：「蔡兄的為人我還信不過嗎？立字據反倒顯得我小人之心，讓你我的關係疏遠了。」蔡勉旃見朋友堅持，加上他一向為人豪爽，便十分痛快地說：「你這麼信任我，這份心意我收下了。你儘管放心回家吧。」朋友寄存的銀兩足足有一千兩。

可惜天有不測風雲，朋友回家不久便身染重病而逝。蔡勉旃聽聞噩耗，十分悲痛。想起朋友生前託付代管的大量金錢，便吩咐人去把朋友的兒子找來。等朋友的兒子到來後，蔡勉旃從儲物室把錢拿出來交給他，所有的包裹都完好無缺地保持著原樣。他告訴朋友的兒子：「這是你父親生前寄存在我這裏的財物。現在物歸原主。」朋友的兒子見了這麼多錢，驚訝得目瞪口呆，他有些遲疑地說：「父親生前並沒有向我提起這件事啊！再說了，哪有存放這麼多錢而不立字據的呢？伯伯，你是不是弄錯了？」蔡勉旃笑笑：「真正的字據是放在心裏，而不是寫在紙上的。你父親相信我，知道我不齒於私吞他人的財物，背信棄義，所以沒有講給你聽。」朋友的兒子聽後，心生敬佩，他十分感激地接收了這筆「意外之財」，逢人便講述蔡勉旃在無人知道的情形下，還堅決歸還財物的高尚品格。

觸類旁通

人不能見利而忘義。蔡勉旃在無人知情的情況下，不貪圖錢財，謹守對朋友的道義，毅然還錢於人，不因利害義，以利喪德，實在值得人們學習效法。

克己之貴

柳下惠坐懷不亂

柳下惠，原姓展，名獲，是戰國時期的人。據後人考察，「唐宋八大家」之一的大文學家柳宗元、唐代大書法家柳公權，以及宋代那位風流大才子、著名詞人柳永，還有革命先驅柳亞子，都是柳下惠的後裔呢。

柳下惠曾做過魯國大夫，還做過掌管監獄的小官。據說，柳下惠做官期間，為官清正、執法嚴謹，用我們現在的話說，就是一個為國為民的好官了。但是由於他生性耿直，不願攀附富貴，所以後來棄官歸隱，居於柳下，也就是現在的濮陽縣的柳屯，「柳下惠坐懷不亂」的故事就是發生在這裏。

相傳在一個寒冷的夜晚，柳下惠宿於郭門。那晚凜冽的寒風刺入肌骨，柳下惠穿著衣服縮在被窩裏，還感覺寒氣逼人。柳下惠心裏想：不知道這樣寒冷的冬夜，有沒有無家可歸的人？想想各國征戰不休，生靈塗炭，柳下惠不禁輾轉難眠。就在這時，忽然傳來了敲門聲。柳下惠急忙起身開門，原來是一個沒有住處的婦女來投宿。只見她凍得渾身抱成一團，還不住的瑟瑟發抖，臉色也凍得發青，眼看就要支撐不住。柳下惠連忙把她讓進屋裏，並請她上床暖和一下。可是她在被子裏兀自縮成一團，渾身發抖，家裏並沒有暖爐，也沒有其他可以取暖的東西，柳下惠恐她凍死，於是就叫她坐在自己懷裏，並解開外衣把她裹緊。就這樣，那位婦女才漸漸緩過神來。只聽她斷斷續續地說：只因出門找親戚，回來晚了，衣服又穿得太單薄，實在凍得不行了，所以才不得已敲門，並想借宿一晚。柳下惠看她一副可憐的模樣，想到如果不收留她，或許她就會凍死在荒郊野外，於是就讓她在懷中取暖一晚。可是柳下惠毫無私心雜念，對婦人舉止有禮，絕無趁人之危，踰越之舉。

「柳下惠坐懷不亂」的故事也流傳開來。在他死後，被後人稱為「惠」，又因為他居住在柳地，所以世稱柳下惠。

觸類旁通

「慎獨」指的是個人在獨處之時，也能自覺的克己守德、謹言慎行，不生有違禮節之念、不做有違道德之事，時時刻刻堅守道義，保持道德修養。柳下惠美色當懷，不為所動，自覺的克制自我的欲念，從而使道義時時刻刻伴隨自身，不越雷池半步；守義守節，堪稱慎獨之模範，為後世所頌揚。

子夏內省

子夏，姓卜，名商，春秋末晉國人，是孔子的著名弟子。子夏少孔子四十四歲，是孔子後期學生中的佼佼者，才思敏捷，以文學見長，尤其精通《詩經》、《周易》和《春秋》。孔子還特別讚許他為「文學科」的高才生。子夏晚年在西河講學，後來著名的法家代表人物吳起就出自他的門下。

在孔子的諸多弟子中，子夏是特別重禮的一個。為學時，有一次他問孔子《詩經》中「巧笑倩兮，美目盼兮，素以為絢兮」是什麼意思。孔子答道：「繪事後素。」意思是說，繪畫之事，先布眾彩，然後以素色分佈其間以成文。子夏立刻就聯想到禮，而說「禮後乎」，即禮樂產生在仁義之後，因此而受到孔子的讚許。

更值得稱道的是，子夏平素很注重內省，可以稱得上是慎獨的典範。

有一天子夏去拜見曾參，曾參也是孔子的得意弟子，一向嚴於律己，以孝行著稱。曾參看了看子夏，打趣地說：「怎麼一陣子不見，你就如此發福啊！」子夏不以為意，反而樂呵呵地回答說：「我打了一個大勝仗，心情舒暢無憂，所以身體就胖起來了。」曾參有些摸不著頭腦了，疑惑地問：「這話是什麼意思？」子夏說：「我終日在家讀書，學習先王（泛指賢帝堯舜等）之道，覺得他們的仁義道德和高尚的德行，實在是高山仰止，令我心生敬佩仰慕之情，覺得能效仿他們一定很快樂。可是出門之後，當我看見富貴人家身穿綾羅綢緞，享受豪宅美食，夜夜笙歌曼舞，逍遙自在。我又不由得心生嚮往之情，覺得能像那樣生活一定很幸福。兩個念頭不斷出現在我的腦海中，激烈爭鬥，難分勝負。我寢食難安，心中不寧，所以身體日益消瘦。現在，先王之道終於在心中占上風，取得了絕對勝利，我的心情又恢復了安寧祥和，所以身體自然發胖了。」

曾參聽了，連連稱讚子夏，對他更為敬重。

觸類旁通

古聖今賢們所說的「人恆過」、「不犯錯誤的人沒有」，並不是說人們可以不自律、不嚴己、不加強道德修養、不追求高尚品格的遁詞。孔子認為，人們如果要不斷提高自己的道德素質，就必須「躬自厚」、「求諸己」、「內自訟」。他的門生子夏無疑是遵照其教導，嚴格要求自己的典型。如果一個人透過反身自省，感到自己是忠誠踏實的，那便是最大的快樂。正因為這樣，子夏才由瘦而胖，並因此而歡欣愉悅。

楊朱虛己盈人

楊朱曾是經商「逸民」、大賈，他家資萬貫，富可敵國，聲名並不比普通的諸侯差。加之楊朱本人行為趨進老莊，頗有點任性而為。在楊朱以前，雖然也有一些隱士承襲老子、莊周的學說，但是即便是莊子，也未曾將其發展成為一個學派。真正賦予老莊道家思想系統學派意義的，就是這個我們對其身家歷史並沒有太多瞭解的楊朱。只是在歷史上，楊朱應該從師老聃。只不過這個拜師過程、學藝內容，就各有說法，全然不同了。

有一種說法是楊朱還是鉅賈時曾南去沛邑，正逢老子去秦國遊歷。楊朱對老子早就仰慕，於是就到郊外迎候。當楊朱以禮拜見老子，兩人又相攜而行，準備前往大梁。在路上，楊朱處處以自己的聲名和財富照顧老子，過鄉走鎮，都不讓老子有任何煩惱。楊朱直以為自己做得很好，沒想到走到半路，老子仰天長歎說：「原先我還認為你是可以教誨的，現在才知道你是不可以教誨的。」然後就閉上了眼睛。楊朱聽了，本想張口詳問，可是見老子這樣，也就什麼也沒說。

到了旅舍，楊朱給老子送去毛巾、梳子等用具，然後把鞋脫在門外，膝行向前，說道：「剛才先生說：『原來我還認為你是可以教誨的，現在才知道你是不可教誨的。』學生想請教這句話是什麼意思？可是路上先生沒有空閒，所以沒敢問。現在先生有空了，您能不能告訴我有什麼過錯？」

老子說；「你昂首闊步、眼中無人，一副不可一世的樣子。誰還能與你相處呢？記住，月滿即虧，水盈即溢；最潔白的東西好像汙黑，極富道德的人好像道德不足。」楊朱聽罷，慚愧得紅了臉，說：「領教您的教誨了。」

從此以後，楊朱彷彿換了個人。到沛地去時，旅店的主人對他遠接近送，吃飯時老闆在一旁親自侍候，洗漱時老闆娘親自送洗漱用具。先坐在座席上的旅客為他讓座位，烤火取暖的人也主動為他讓出空位。而在他離開沛地時，竟然有旅客敢與他爭座位了。

觸類旁通

有句俗話說：「真人不露相，露相非真人。」這與老子的話，「月滿即虧，水盈即溢；潔白的東西好像汙黑，極富道德的人好像道德不足」，相映成趣。任何事情都是相輔相成的，蓮藕藏在汙泥裏，不剝開汙泥，絕看不到那潔白如玉的實體。也正因如此，沒有人可以在它的身體裏抹黑，便也保持了它的無瑕。當和氏璧深藏在陋石之中時，並不是它沒有光澤，只是它不顯示光澤，它便得以完好地保存。當人們把它開鑿出來，顯示出珍奇美豔，引起了多少紛爭。

做人修身亦如此，無論是身處人群之中還是獨處陋室之內，過於鋒芒畢露、顯才逞能，雖然一時會春風得意，被人敬仰，卻遲早會招致禍患的。

蕭何慎獨成大事

蕭何是漢高祖劉邦身邊的第一謀臣，為了協助劉邦奪取天下可謂竭盡心力，忠心不二。蕭何不僅心懷天下，有雄略大志，還機智果斷、善於變通，更重要的是忠正廉潔、淡薄於世，他的諸多卓越品德都堪為世表。就是這些膽識、見識、智謀，使得蕭何能夠成為西漢最為重要的開國元勳之一。蕭何的遠見卓識以及氣度、才德，在許多關鍵性的事件上都有表現。

劉邦和項羽相約，誰先殺進關中奪下咸陽，就將誰封入關中為王。劉邦聽從張良、陳平等智謀之士的建議，一路西進全都選擇偏僻小路，避免和秦軍主力做直接的正面衝突。這樣一來，雖然劉邦並沒有奪下什麼堅城大邑，卻以最小的損失、最快的速度，殺進了函谷關，兵鋒直逼咸陽城下。這時候，已經除掉亂臣趙高的秦三世子嬰，自知大勢已去，就獻城投降了劉邦。可是，項羽自恃勇猛無敵，一路上攻城奪寨，要對付的都是易守難攻的堅城壁壘。雖然戰功顯赫，卻在速度上慢了劉邦很多。

劉邦打進咸陽，跟隨他多年的將領們，哪裏見過咸陽這樣繁華富庶的城市大都蜂擁到各個秦朝的府庫去爭搶金銀財寶。劉邦自己也在秦皇的宮殿中流連忘返，哪還有心思去理會跟隨自己出生入死的部屬。蕭何見到如此混亂的局面，心中自然著急萬分；雖然他很想直接去見劉邦，讓他清醒過來，下令停止這樣的搶掠，可是他知道還有更為重要的事情刻不容緩。蕭何一進咸陽，立刻馬不停蹄，只帶著幾個隨從衝進秦朝的管理律令、圖書、文獻、檔案的丞相府、御史府。

這些官衙的庫府也被失控的士兵將校們劫掠，早就都亂作一團。金銀布匹、各種寶物散落在庭院裏，士兵將校或是爭來搶去，或是拿著到手的金銀歡天喜地的跑出去。蕭何喝止那些仍在為金銀爭鬥的將校，讓人們趕緊肅清官署，不能再這麼混亂。多數士兵一看是蕭何，大多不敢再說什麼，按照他的命令去做，可是心裏老大的不服氣，心想：哼！當官的全都一個樣，把我們趕走，還不是自己拿著方便？可是，他們卻更奇怪，蕭何對於就在腳邊的金銀財寶全然不加理會，立刻去他們剛才根本連看都不看的書簡庫和檔案庫，整理分類，再命人將他分好的書簡打包搬運出去。與此同時，他非但沒有蒐羅尚未被搶掠一空的府庫財物，反倒把在整理書簡時翻揀出來的金銀堆到一邊，不取分毫。其實，就當時混亂的局面來看，就算是蕭何真的取走了這些金銀財寶，恐怕也很難有人知道。

當蕭何把這件重要的工作做完之後，張良、陳平也勸醒了迷醉在秦宮中的劉邦，蕭何也協同張良力勸劉邦撤出咸陽，駐軍霸上。這樣，才沒給項羽以口實，最終以鴻門宴的險勝，保全了劉邦。雖然，由於實力相差太多，劉邦還不能和項羽一爭高下，最後被迫放棄關中，遠去巴蜀做了漢王。但是比起項羽與其他諸侯，在衝進咸陽之後，一把火燒了個乾淨，什麼也沒能帶走，漢王劉邦掌握了有關要塞、戶籍人口、富貧之地，以及老百姓目前的疾苦等秦末時期全國上下很多極為重要情況。而這一切都仰賴蕭何事先拿到了秦朝留下來的典籍圖書。

蕭何的治世之才、過人之處，就表現在這些似乎細末，但很快就被證實是戰略之計的地方。蕭何的一個基本方針，就是不能讓貪欲沖昏了頭腦，不能為一時之小利，而毀了一世之大計。這就是蕭何的才德並存之處，不僅是見識卓絕，更是慎獨自律。

觸類旁通

有高尚道德的人在別人看不見的情況下，總是十分謹慎；在別人聽不到的情況下，總是十分警惕。他們不會認為在隱蔽的地方所做的事，別人不會發現，因為當事者自己心裏明白，不會認為所做的事非常細小，別人不會看到；因為當事者自己也能覺察。所以有道德的人越是獨自一人或是有機會能夠獨自做事時，就越是小心謹慎自己的言行，不讓它踰越道德操守的界限。

蕭何對伸手可得而且是不會有人知曉的金銀視而不見，並非是他不清楚金銀的價值，而是他的品行和見識，讓他明白比這些金銀更為珍貴的是文檔。

穆姜克己養孤

東漢時的南鄭縣衙門前，鼓聲陣陣，縣令忙令衙役升堂。只見四個少年跪在堂前，聲淚俱下地請求縣令處罰他們，縣令糊塗了。天底下竟有這等人，跑到衙門自請受罰？稍大的一個見縣令一副大惑不解的樣子，擦了擦眼淚，惴惴不安地講述了自己親身經歷過的一段故事：

原來，這四個人是一母同胞。幾年前，他們的母親就去世了，父親程文矩為了照顧孩子們，就續娶了一位叫穆姜的女子為妻。穆姜深深地同情和理解缺妻失母的文矩父子，她帶著自己的兩個幼子來到程家，開始了操持八口三姓的大家庭的生活。她以母親特有的細心和善良，無微不至地照顧著程家四兄弟。也許是久失母愛，從而更加獨鍾父愛。或許是目睹過世間太多的虛偽的緣故吧，儘管穆姜在生活十分拮据的情況下，在衣物、飲食上處處先滿足他們；儘管穆姜每每在異父兄弟間為小事而大動干戈，時時責難自己的兒子。可是無論如何，程家兄弟在心理上也不能接受這位慈善的繼母，特別是她的兩個兒子。

幾年過去了，無論穆姜怎樣努力，都不能改變程家兄弟的敵意，她為此常常傷心地落淚。可是不幸的事情又發生了，程文矩因病猝死，撫養六個兒子的任務全部落在了這個孤苦無依的女人身上。

自從父親死去，本來就對穆姜充滿敵意的程家兄弟更加憎恨繼母，處處難為她；而穆姜憑著她那堅強的毅力和博大的胸懷，一如既往地操持著這個家。鄰居見穆姜為了這個家付出了那麼多的辛勞，卻換來了更多的委屈，都勸她撇開程家的四個兒子，帶著自己的孩子遷居別處。穆姜苦笑著搖搖頭說：「他們從小就失去了母愛，現在父親又去世了，扔下四個沒爹沒媽的孩子怎麼能行呢？況且這樣做，我會愧對死去的丈夫！」

有一次程家的長子程興得了重病，穆姜用省吃儉用省下來的錢為他請醫買藥，藥用完了，錢也花盡了，可是程興的病尚未痊癒。怎麼辦？穆姜守候在程興身邊，愁苦得不思飲食。程興望著日益消瘦的繼母，心裏隱隱作痛，一時語塞，說不出話來。穆姜握著地的手安慰道：「別哭，我雖不是你的親生母親，但我們永遠是一家人，我會想辦法治好你的病。」說完，她起身走到外間，翻出了她僅有的幾件值錢的衣物，拿出去換回了藥，親手煎好送到了程興床前。程興的病終於痊癒了，他把三個弟弟叫到床前，對他們說：「繼母始終對我們這樣好，都是發自內心的。過去我們不領繼母的撫養之恩，反而處處與她為敵，現在想來，讓我感到慚愧，我們實在對不起她啊！」

三兄弟自哥哥生病，也親眼目睹了母親所做的一切，早就自感愧對繼母。此刻，聽哥哥這麼一說，心裏酸酸的，眼淚止不住地流了下來。最後，他們決定到縣衙自請受罰，以示向母親謝罪。

這也就是縣衙大堂上發生的那一幕。穆姜以自己善良堅韌的美好品德，力排種種艱難困苦，不論別人如何勸阻，自己獨立堅持自己認為對的道義，撫養孤子，最終得到了孩子們的認可和尊重。

觸類旁通

慎獨指的是人們在個人獨自居處的時候，也能自覺地嚴於律己，謹慎地對待自己的所思所行，防止有違道德的欲念和行為發生，從而使道義時時刻刻伴隨主體之身。能否做到慎獨，以及堅持慎獨所能達到的程度，是衡量人們是否堅持自我修身，以及在修身中取得成績大小的重要尺規。

穆姜不懼艱苦、不畏人言，悉心撫養仇視自己的孩子，真正做到了對道義的堅守，這種善良堅韌的克己品性無疑值得我們尊敬。

陶侃搬磚

陶侃是兩晉時期著名的將領，他文武雙全，盡忠職守，為人正直清廉、嚴於律己，加上待人寬厚、治軍嚴明，一向深受部下和百姓們的愛戴。他曾經率兵擊敗杜弢等人的反晉武裝，平定了社會動亂，被世人視為一代名將。曾有人專門寫詩稱讚道：「飄搖風雨滿神州，齊下江河亂未休。戡定荊湘非易事，論功應獨讓陶侯。」可見他在時人心中的地位。

當時西晉朝廷已經覆滅，很多少數民族趁勢而起，以武力占據了北方的大部分地區，紛紛自稱為帝，建立起自己的政權。逃亡的皇室只在江南一帶站穩了腳跟，新建立的東晉王朝偏安一隅，處於風雨飄搖之中。許多仁人志士都不甘心北方為胡人所占，弄得國家四分五裂，都力主北伐，希望可以收復中原。陶侃就是這樣一個有志於恢復中原的人。

他最初在武昌做太守。武昌位於東晉首都建康的上游，是長江邊上的重要城池，其戰略地位舉足輕重。當時兩湖地區出產的糧食，都要在武昌集中，然後經過長江運送到下游的建康。由於戰亂連年，加上饑荒頻仍，常有流民出來打家劫舍，水陸交通本來就有些不安全。而一些王公貴族的手下，居然趁火打劫，藉這種混亂局面出來扮作強盜，專門在長江上攔劫過往的客商，弄得大家人心惶惶，一個個膽戰心驚，不敢在長江航行。

陶侃瞭解到這種情況以後，就派兵船假扮成商船的樣子，在長江上航行，藉以引誘那些為非作歹的人上鉤。結果那些人真的信以為真，跑來打劫，有幾個人被當場捉住。陶侃對他們進行了嚴厲的審問，居然發現他們是西陽王司馬策的手下。陶侃氣憤萬分，當下領兵來到西陽王的駐地，擺開陣勢，命令西陽王立刻交出參與行劫的部下，並且當場處決了二十多人。這一舉措嚇得那些皇族下人面如死灰，再不敢仗勢凌人，為所欲為了。從此長江沿岸的水陸交通恢復正常，安全得到保障，那些外出流亡的人紛紛回來了。陶侃因此得到朝廷的嘉獎，先後被擢升為寧遠將軍、荊州刺史，地位顯赫。

陶侃的威望迅速提升後，引起了當時握有重兵的大臣王敦妒恨。王敦一向反對北伐中原，多次被陶侃頂撞，視他為眼中釘，眼見陶侃權勢越來越大，心中不安，就想利用自己的職權，害死陶侃。幸好陶侃的兒女親家周訪在湖南一帶很有勢力，手中握有重兵。王敦投鼠忌器，不敢輕舉妄動，思前想後，只是把陶侃降了職，調他到廣州去做刺史。

當時的廣州，田地、人口不多，生產又落後，景象凋敝。陶侃到了那裏之後，每天根本沒有什麼公務可辦，日子過得十分清閒。為了不讓這種清閒的日子使自己失去鬥志，他專程叫人準備了一百多塊磚，整整齊齊地堆在院子裏。天一亮，陶侃就早早地起床，把這些磚搬運到外面去，堆在一個空地上。到了晚上，他又出去把磚搬進院子裏來，堆在原地。就這樣，每天早上把磚搬出去，晚上再搬進來。天天如此，從不間斷。

衙門裏的人看到陶侃搬磚，都感到疑惑不解——刺史怎麼沒事找事，自己瞎折騰呢！有人按捺不住，就跑去問他為什麼要這樣做？陶侃笑笑回答說：「我一生為恢復中原為己任，矢志不渝。要是生活過分安逸，疏於練習，恐怕將來擔當不了大事，所以我要用搬磚來磨練自己的意志，增加自己的力氣。」一時間，陶侃搬磚被傳為佳話。

過了幾年，由於形勢的需要，東晉朝廷任命陶侃做征西大將軍，把他重新調回荊州做刺史。荊州人民一聽陶侃要回來，紛紛奔相走告，舉手相慶。

陶侃一回到荊州就忙著辦理衙門裏積壓下來的公事。許多公文書信，都由他親自執筆起草；許多來訪的客人，也都由他親自接見，可以說忙得不亦樂乎。可是，他一直沒有放棄在廣州養成的運磚鍛鍊的習慣，照樣天天堅持，無論多忙也不肯間斷。有人見他這麼勞累就勸他休息休息，別做運磚的鍛鍊了。他回答說：「古時候治水的大禹，品格高尚、智慧過人，他尚且教導我們要愛惜光陰，不要浪費時光。我們這些普普通通的人，那就應當愛惜分陰，時刻不忘磨練自己才對。」正是這種自覺磨礪自己、不忘恢復中原大志的精神，使得陶侃深受世人推崇，贏得了無數的讚譽。

觸類旁通

慎獨之所以古往今來受到德育思想家們的重視，是因為它作為「入德之方」，在人們修身中具有十分重要的功用：一方面它有利於提高道德主體的自覺性，從而強化個人的道德修養；另一方面它能夠使道德主體掌握相對具體的修身方式。所謂「克己正心」，注重容易為人們忽略的小事，使人們對身邊的點滴之事更加警醒和謹慎。陶侃身處優裕的環境之中，不忘磨練自己的意志，以搬磚的形式提醒自己，保持保家衛國的高遠志向。

羅企生持節守志

魏晉南北朝時期，北朝雖然受少數民族統治，但是少數民族統治者們很清楚，如果他們想在中原立穩腳跟，就必須接受在中原傳承了上千年的先進文明。他們像學生一樣，積極地吸收漢族文明的禮法、典章、制度，不斷強大起來。可是，南朝卻在權臣不斷的政變、內亂中，互相削弱著東晉以來積累起來的實力。於是，從宋推翻東晉政權開始，此後的齊、梁、陳，一個比一個羸弱，最終被代周而起的隋一舉殲滅。

東晉時期，手握兵權的高門望族的將軍們，不甘屈居人下，就會利用手中的權力，發動叛亂。建國之初的王敦政變，以及後來桓玄叛亂。雖然，權臣們為了權勢財富名譽，你爭我奪，使得南朝充滿了背叛和懷疑的味道。但是在普通的將校文士中，仍然有持節守志的人。

當桓玄率兵直逼荊州，荊州刺史殷仲倉促間帶兵迎敵，結果被桓玄殺得大敗而逃。殷仲手下的十多位將校也被桓玄的人捉住了，其中有殷仲的諮議參軍羅企生。羅企生年輕有為，是年輕將領中少有的有勇有謀的智將。桓玄曾經和羅企生有過交接，非常欣賞這個足智多謀的年輕人。他覺得就這樣把羅企生處決了，很有些惋惜，於是在行刑前，桓玄派人告訴羅企生說：「只要你向我認罪，就可以赦免你的罪。」

羅企生很明白要是這時候向桓玄乞求告饒，不但可以保全性命，以桓玄對自己的欣賞，抑或還能夠得到一官半職。可是羅企生更清楚，如果他低頭，那就是要放棄長久以來自己堅持的所謂正統，參加桓玄的叛亂。這對於志在東晉王室的羅企生是不可接受的。他對桓玄的使者說：「我在殷荊州部下為官，如今他已經逃走，生死未定，我還有什麼臉面向桓公謝罪？」

就這樣，羅企生和其他不願投降桓玄的將領一起被押往菜市口處決。臨刑前，桓玄又派人問羅企生是不是還想說什麼話？羅企生回答說：「從前晉文王司馬昭殺死了嵇康，而嵇康的兒子嵇紹卻是西晉王室的忠臣。我特向桓公乞求留下一個弟弟，好供養年邁的母親。」桓玄答應了他的要求，饒恕了和他一同被捕的弟弟。

桓玄原先曾經把一件羔皮裘送給羅企生的母親胡氏夫人，胡夫人此時在預章，企生的噩耗傳來，當天便焚燒了羊皮裘。

觸類旁通

儒家講求「捨生取義」，為了堅持自己認同的道義、公理，甘願犧牲性命。而慎獨的重要思想之一也在於不因眾人的意志而改變自己對道德修養的堅持。在眾人看來，投降保命是人之常情，可是羅企生卻不願屈己迎人，苟活於世。這種堅持在旁人看來不免有些愚鈍，可是若不能在任何情境下都堅持道德操守，成為一個高尚的人就是空中樓閣。

裴俠清慎天下最

裴俠，字嵩和，西魏河東解人，裴俠小的時候聰慧異常，又顯得很老成，和一般孩子很不一樣。他七歲還不會說話。直到有一天，他在洛陽城抬頭看到一大群鳥遮天蔽日地從西飛來，他突然舉起手指著天空說：「鳥！」這就是他說出的第一句話。按照中國傳統文化的習慣，大凡以這種神祕色彩開始人生的人，總是不尋常的，總是會有一些驚人的經歷。因為這種神祕的開始，往往是一種徵兆、一種象徵。裴俠的生命的第一句話是「鳥」，而說這句話的時候，他手指天空，這似乎預示著這個孩子將來會有高遠的操行、卓越出眾的人格。

果然，裴俠歷任南北朝北周刺史、司邑下大夫、戶部中大夫、工部中大夫。他一向廉潔居身，勤勉奉公，素來以身作則，力倡儉樸。

裴俠任河北郡太守時，一日三餐吃的只是一些豆子、麥飯和鹹菜，對屬下和百姓卻愛如親子，人們對他都十分敬愛和感激。

原先郡裏有個老規矩，專門配備十個漁夫和獵手捕捉野味魚蝦，供郡守食用。裴俠上任後，立即下令取消這一規矩，他說：「為了一飽口腹而使喚別人，我做不來。」府衙裏還有一條舊規：專門有十名青年壯丁為郡守幹活。這些人幹活掙來的錢本來是給郡守的，但裴俠讓他們出去當雇工，賺來的工錢，裴俠從不私取濫用，而是為公家買馬，日積月累，公家的馬都成群結隊了。裴俠離任時，兩袖清風，一無所取。當地的百姓流傳著這樣一首歌謠：「肥鮮不食，丁庸不取，裴公貞惠，為世規矩。」

周孝閔帝登基後，裴俠任戶部中大夫。當時主管國庫的多有貪官汙吏年年貪汙，累計超過千萬。裴俠到任後，大刀闊斧，嚴厲整頓，不出兩個月，貪官汙吏的監守盜取便銷聲匿跡。他又轉任工部中大夫。工部一位掌管錢物的官員叫李貴的，聽到裴俠上任的消息，竟然在府中痛哭流涕。有人問他怎麼了，他說：「我掌管的錢物，被我貪汙了不少，裴公清廉嚴正是出了名的，恐怕這次我要被治罪了。」裴俠知道這件事後，允許李貴自首，寬大處理。李貴如實交代他貪汙公款前後共計五百萬兩，忙不迭地掏腰包彌補上這個數字。從此，貪官汙吏們一聽到裴俠的名字就害怕，對他們來說，裴俠一來就等於末日來了。

最廣為人傳頌和稱道的當是裴俠「獨立使君」的稱號。

有一次，各地郡守回京述職，當時在位的周文帝命裴俠出班單獨站在一邊，然後對文武百官說：「裴俠居官清廉、審慎，盡職盡責，可謂天下第一。你們之中還有誰能像他這樣，可以出列與他站在一起。」眾官自愧不如，低頭不語，無一敢出來與之相比。此事後被廣為傳頌，人人都讚譽地稱裴俠為「獨立使君」。

觸類旁通

慎獨精神裏最重要的一點就是無論處於何種環境，無論經歷多長的歲月都不能放鬆自己，縱容自己做有違道德之事。裴俠無論官職高低，權力大小，都始終如一地堅持為官之德，清廉自持、克己正心、潔身自好，保持高尚的節操。

在今天，我們想提高自身的道德素養，最重要的就是自覺遵循各種道德原則，認清自己的方向和目標，堅守信仰，無論遇到什麼樣困難和誘惑，都堅持到底不放棄。這就是裴俠給予我們的啟示。

陸贄清慎遭貶

唐朝名臣陸贄，不但文武雙全，更是清慎自守，對自己為官為人自律甚嚴。儘管，他因才德很受德宗皇帝的器重，但是他從未因此自驕自大，結黨營私擴張自己勢力。而是盡忠職守，兢兢業業。

德宗曾一度在政務上完全離不開陸贄，君臣之間，食則同席，寢則同榻。甚至在寒冷的冬天，皇帝還將自己的衣裳親手披在陸贄的身上。

還有一次，君臣一起進山打獵，因為道路複雜，一時不慎走散了。德宗焦急萬分，甚至懸賞一千兩黃金來尋找陸贄的下落，直到陸贄回來，他才高興起來，快樂的表情，使得上至太子下到群臣，都進言慶賀。可是，就是這麼個德宗皇帝，卻同樣昏庸無能，偏聽偏信，最後聽信奸臣讒言，不辨真偽、不分好壞，差點殺掉忠心為君為國的陸贄。而他要置這個曾與他不分你我的近臣於死地的原因，卻好笑得可憐。

奸臣攻擊陸贄謝絕一切公私禮物，完全是為了「沽名釣譽」，雖然他表面上要「杜絕私交」，其實是為自己收買人心，而這樣還會影響上下之間的關係。據說，德宗甚至專門下有「密旨」給陸贄，怪罪他「清慎太過」，並要求陸贄要接受「細小物品」的禮物。但是，對自己要求甚嚴的陸贄不能苟同德宗的這種觀點，上疏陳述自己的看法。認為今天收了小禮物，明天就會接受大禮物，以至於沒有盡頭，欲望也會越來越大。陸贄的觀點，正是防微杜漸的意思，是對個人修養的高標準。陸贄甚至還藉機勸誡德宗不可以過於奢華，這恰恰一再觸及了德宗的痛點，最後陸贄終因直言上書，被德宗治罪，差點連命都丟了。

最後，經過眾大臣極力保薦，陸贄被流放遠方。可憐陸贄一片忠心，最後竟因為自己清心無欲、為國為民，被流放荒蠻之地。陸贄儘管被流放，但是還是忠心於朝廷，為了免人口實，他在流放地既不著述，亦不教學，一個人孤苦淒涼的病死在流放地。

觸類旁通

「世人皆醉我獨醒，世人皆濁我獨清」，這樣的境界需要常人所不敢想像的韌性，在重重打擊之下，仍然不放棄自己的信仰，堅守到底。陸贄無疑是這樣一個堅忍不拔、堅持信仰的高尚之人，不為外物所使，不因眾人的排擠而改變自己，與之同流合汙。而慎獨，最重要的品格之一，就是堅持道德理想不放棄；惟如此，才能在任何情形下都保有自己的道德操守。

史盧均不染海事

史盧均，字子和，原籍是范陽人，唐朝文宗時人，代替李從易擔任了廣州刺史、御史大夫、嶺南節度使等官職。他為官清正、為人剛直，品性高潔、恪守道義，不為厚利所動。也正因為這樣，他深受當地百姓愛戴、商賈尊敬，處理了嶺南一帶長久以來積存的很多問題。

史盧均任職管轄的範圍，正好有南海海運這個肥缺。南海這個地方素來是海上的交通貿易的中樞繁華之地，加之嶺南雖然是尚未完全開化，卻是物產豐富的地方，有著很多內陸難得一見的獨特物產，所以就使得廣州一帶船隻往來更為頻繁。海上交通方便，各地的富商居賈都帶著珍奇異寶紛紛集中到這裏來，希望換回嶺南的珍玩。

以前，凡是來到嶺南這樣蠻荒之地任職的官員，大都要巧取豪奪，在這裏發財致富，凡是做過南海官員的，沒有一個不是滿載而歸的。唯獨史盧均在這裏非但沒有中飽私囊，肥肥的撈上一筆，反倒為了接濟一些被發配嶺南的落難官員，使自己本就清寒的生活更為拮据。對於獲利豐厚的海事，他只讓一位忠直的監軍去管理，自己從不介入，絕不染手。

據說，史盧均上任伊始，當地船舶商賈，都按照老規矩紛紛前往史盧均所在的官府，或送大禮，或要以低廉的價格把珍奇異寶賣給史盧均。史盧均一概沒有理會，甚至直接就拒於門外。這些商人一時之間摸不著頭腦：此前的官員們，哪個不是能拿多少就拿多少，這位新上任的大人究竟葫蘆裏賣的是什麼藥？真不知道是胃口更大，難以侍候，還是真的來了位清廉守德的好官？多數人雖然滿腹狐疑，但是還是無功而返，決定再觀望一下好做決定。

可是其中有位姓錢的商人，自認為自己對「官」之一字實在是摸得太過透徹，哪裏有見好處害怕燙手的官兒？只是大家還是沒有觸到點子上而已。他經過多方打聽，終於獲致，史盧均雖然愛好廣泛，但是篆刻一樣尤為癡迷，十分喜歡收集各種印章。於是，他多方找尋，終於以高價購得一方有如古董的玉章。恰好這位錢姓商人也是范陽人，就以同鄉拜會的名義，帶著那方珍貴的印章去見史盧均。

這次果然沒被史盧均直接拒絕在府門外邊。兩人相見，當然先說了些家鄉的閒話，漸漸地，錢商人就把自己現學的關於刻石印章的知識搬出來，和史盧均討論起來。史盧均果然大感興趣，還以為碰到了同道中人。就勢，錢姓商人拿出那方玉章，名義上是想請史盧均加以鑑定。史盧均一見，就有些愛不釋手，這當真是一方難得一見的印章珍品。

他一面連聲稱讚，一面仔細把玩。商人看在眼裏喜在心上，他知道自己這次是踩對點了。看看時機已經差不多了，商人就煞有介事地說，要是大人這樣喜歡，他大可將這方玉章贈給史盧均。史盧均一聽不禁頓了一下，把手中的玉章放在了桌子上，他微微一笑，說：「君子不奪人之愛啊！這方印章對於喜愛金石的人來講可謂無價之寶，錢君怎麼可以忍痛割愛呢？我也不能就這麼奪人之愛啊！不可不可。」

錢商人沒想到對玉章那樣愛不釋手的史盧均會拒絕的如此乾脆。一時情急，商人本性表露無疑。他說：「大人不願奪人之愛，可是小人卻好成人之美。若是大人覺得心中不安，大可按市價將之收購。」史盧均聽罷哈哈大笑，說：「只怕這市價遠非我薪俸可以承擔，還要以海事從中彌補，可是下官已經對海事另有安排，自己絕不插手，這讓我如何擔得起這方珍貴的玉章？錢君，還是好好珍惜這方無價之寶吧！」被史盧均這樣點明，錢商人再也不好糾纏下去，只得收起玉章，灰溜溜地告辭了。從此，史盧均不染海事之名更為遠播，很多商人都依法守制，再也不想旁門左道了。

史盧均不只在海事上清正自重，更以自己公正有德的高潔品性，在當地做了很多為後人稱道的政事。對開發嶺南，解決當地的著民衝突都有很大幫助。他重德守禮、寬厚仁愛，到廣州後，對土著居民與外來居民的衝突，不再採取簡單地壓制土著居民的辦法來加以管束，而是從各自的風俗習慣著手，妥善解決了婚姻、圃產等令人頭痛的糾紛問題。當時在嶺南，還有許多被流放到那裏的官員的後代，由於貧病交加，即使遇到了皇帝大赦的機會，也無力返還家鄉。史盧均對這些人善加禮遇，甚至從自己的薪俸中拿出錢來，為他們解決無力承擔的婚喪嫁娶、撫孤養老之事。他的德行操守，使得遠近的鄉人、商人都十分敬重，很服從他的教化，一時間使得嶺南原本的蠻夷未開之地，也漸漸有條理起來。

觸類旁通

以德服人，不以威壓人，這應該是儒家治國治家的最高境界。能夠做到這點，首先就要做好自身操守德行的修養和鍛鍊。史盧均在自我修養上，真的做到了這樣的境界，不但兼惠愛人，更能慎獨克己，所以才能治理一方達到這樣昇平的地步。

魯宗道據實上奏

魯宗道，字貫之。宋亳州譙人。出身貧寒，自小勤勉向學，為人一身正氣。宋真宗時考中進士，從此步入仕途，因為官正直不阿，政績突出，多次受到褒獎。後歷經多次擢升，官至尚書禮部侍郎，以正直敢言、不畏權貴著稱，就連當時的一些皇室貴胄都對他很是忌憚、害怕。世人稱之為「魯頭參政」。

魯宗道在東宮任諭德官的時候，非常喜歡飲酒，他住的巷子旁就有一家仁和肆，那裏釀造的酒醇香可口，在京師享有聲名。魯宗道常常脫下官服，換上便服，去那裏飲酒。有一次宋真宗要召見他議事。可是派去傳旨的太監到他家中時，魯宗道不在家，一直等了一個多時辰他才從仁和酒店喝酒歸來。

到了宮中，太監要先入殿去稟報，怕他受皇上責罰，就事先提醒他說：「皇上如果怪罪魯公為何來得這麼遲，該找個什麼的理由回答呢？」魯宗道說：「就以飲酒實情相告吧！」太監有些遲疑地說：「這樣，皇上可能會降罪了。」魯宗道嚴肅地回道：「喝酒只是人之常情，欺蒙皇上就是做人臣的大罪過了。」

太監進殿，按魯宗道的意思如實向皇上稟報，宋真宗責問魯宗道說：「你私自跑到酒家去飲酒，是何緣故？」

魯宗道謝罪說：「臣家中貧窮，沒有招待客人的酒具，而酒店裏這些家什樣樣俱全。今天碰巧有個鄉親遠道而來，為了不失禮於人，臣就請他去酒店喝酒。不過，臣去的時候，特地換上了便服，市民們誰也不認識臣。」真宗一聽，笑道：「你是朝中大臣，這種事情恐怕要被御史們彈劾了。」可是從此以後，皇上特別器重魯宗道，認為他誠實可信，可堪重用。

觸類旁通

所謂正心誠意，就是首先要不自欺。人們常說，欺騙別人容易，欺騙自己難；欺騙一時容易，恒久欺騙難。因為若要人不知，除非己莫為。古聖先賢們提倡的「慎獨」，就是要求人們在任何情況下，即無論是顯明還是隱蔽，無論是巨大還是細小，無論是長久還是短暫，無論是群居還是獨處，都要自律、嚴已。

魯宗道在太監答應為其掩飾的情況下，堅持如實上奏，就是對慎獨最好的堅守。

趙叔平數豆正心

北宋時期的趙叔平，與歐陽脩是摯友，他自小讀書勤勉，才學過人，於天聖年間一舉考中進士，入朝為官。他十分注重道德修養，一生品性高潔、樂善好施，以善念為寶，深受世人好評，後來他與歐陽脩因不滿朝政，不願攀附權貴，雙雙辭官歸隱，而得到「清風明月兩閒人」之名句。

趙叔平認為，人生在世最重要的是要有善念、多做善事，絕不能心生惡念，與人為惡。可是善惡往往在一線之間，想做善事不難，難的是一輩子做善事，不做惡事。這對人的意志力無疑是極大的挑戰。因此，趙叔平十分注重錘鍊自己的意念，正心克己，力圖不斷清除私心雜念，使善心永遠戰勝惡意。

為了檢驗自己的善惡之心，趙叔平曾經找來三個器物，其中一個器物用來裝黑豆，放在另一邊的一個用來裝白豆，中間的器物空著。頭腦中每萌生一個善念，他就取一顆白豆投入中間的容器中，若有一點兒私念或惡意，就取一顆黑豆投入中間的容器中。到了晚上，他把容器中的白豆和黑豆倒出來數一數，用以檢驗自己一天中的善念和私心雜念各有多少。

第一天過去了，趙叔平數了數容器中的白豆和黑豆，結果是黑豆多而白豆少。顯然，這表明自己的道德修養遠遠不夠。他暗自決心繼續修煉、克制。

第二天。趙叔平又數了數白豆和黑豆，仍然是黑豆多而白豆少，但和第一天比起來，黑豆少了一個，白豆增加了一個。

第三天，仍然是黑豆多、白豆少，但和第二天比起來，黑豆又少了一個，白豆又增加了一個。

過了一段時間，白豆和黑豆一樣多了。

又過了一段時間，白豆多而黑豆少了。

就這樣，時間一天天過去，趙叔平一天天用黑豆、白豆鞭策自己好好修身養性。終於有一天，容器中只有白豆而無黑豆了，這意味著趙叔平心中只有善意而無私心雜念了。

趙叔平就是以這樣的方法克己正心、自我監督，終於德學雙修，成為一個胸懷坦蕩、與人為善，而自覺擯棄無數惡意私念的正直之人。其高尚的德行、自我約束的品格，為時人所讚頌、推崇，也為後人所學習借鑑。

觸類旁通

君子慎其獨，其突出特徵在於事無巨細，都謹言慎行，時刻反省自身的行為思想；因為積沙聚塔，積水成淵，高尚的道德修養就是從一點一滴的小事開始的。所以，儒家特別提倡「克己」的修身方法，要求人們時刻警醒自身，克制不該有的私心雜念。趙叔平無疑是克己正身的典範，他以黑豆、白豆作為自我反省的標誌，充分體現出道德修養的自覺性和主動性。

程頤克己學聖人

程頤小時候聰明好學，曾和哥哥程顥一起，捨棄科舉機會，投在周敦頤門下求學。他刻苦鑽研，博覽群書，經書、子書無不精研，成為當時十分有名的學者．與其兄程顥在當時並稱為「二程」。

程頤苦學鑽研，自有自己的觀念和理想，他認為讀書必須有遠大目標，即「學以至聖人之道」，認為聖人可學，而且能夠透過讀書達到聖人的境界。他在遊太學時說，天地儲藏精氣，得五行之秀者而生人，其本原真誠而安靜；在沒有發展生成以前，就已具備了仁、義、禮、智、信這五性，形體生成以後，由於外界事物觸碰形體而動生於其中，其中動而生喜、怒、哀、樂、愛、惡、欲這七情，七情激盪而傷其性。所以覺悟的人約束七情使其合於中、正其心、養其性；愚昧的人就不知道這些，縱其情而至於邪僻，梏其性而至死亡。

然而求學之道，必須先明之於心，知道怎樣養性，然後身體力行以求達到目標，就是所說的「自明而誠」。程頤認為「自明而誠」之道在於「通道篤」、「行之果」、「守之固」，「仁義惠信不離於心」。就是要求學者無論做什麼事都不忘「仁義忠信」，只有這樣，才不會有邪僻之心產生。

程頤贊成古人顏淵「非禮勿視、非禮勿聽、非禮勿言、非禮勿動」的克己思想，同時又指出顏淵墨守成規而不能化之的讀書方法，是達不到聖人境界的主要原因。但他認為，像顏淵這樣有好學之心的人，如果不是早卒，時間長了也能達到化境（指達到一定精深的程度）。

程頤認為顏淵以後的人們之所以達不到聖人境界，就是因為不懂聖人可學的道理。他們認為聖人是生而知之，不是可以學成的，所以失去了為學之道。一些人不求之於己，而求之於神佛先師，必定是緣木以求魚，本末倒置，就算是終其一生，終究也未見得能夠修養到聖人的境界吧。

觸類旁通

在儒家看來，所有有高尚道德的人在別人看不見的情況下，總是十分謹慎，在獨自一人時，也自覺地進行內心反省，所以克己是慎獨重要的修身方法，它要求人時刻保持警醒，克制不該有的欲望和邪念。

程頤以古聖先賢為榜樣，透過自己的苦心鑽研、潛心思考，進一步發掘和闡釋了克己的涵義，而他一生不求名利、堅持不懈地治學就是對克己最好的注釋，可以說他真正做到了言行一致，堪稱克己之楷模。

范仲淹食粥心安

范仲淹，字希文，北宋中葉著名的政治家、軍事家和文學家。兩歲時，范仲淹的父親不幸逝世，家裏失去了生活來源，日子每下愈況，捉襟見肘。母子兩人貧苦無依，無奈之下，范母只好帶著尚在襁褓中的仲淹，改嫁到山東淄州長山縣一戶姓朱的人家。

范仲淹從小讀書就十分刻苦，朱家是長山的富戶，日子過得還算富足。但他為了勵志圖強，長大後獨自跑到附近長白山上的醴泉寺讀書，經常一個人伴燈苦讀，每到東方欲曉，僧人們都起床了，他才和衣而臥。那時，他的生活過得十分艱苦，每天只煮一鍋稠粥，涼了以後劃成四塊，早晚各取兩塊，拌上一點兒韭菜末，再加點鹽，就算是一頓飯。但他對這種清苦生活毫不介意，每天樂此不疲地享受清靜的生活，把全部精力放在書本中，尋找著自己的樂趣。

范仲淹常常看不慣朱家兄弟奢侈浪費，終日無所事事、遊手好閒，多次苦口婆心地規勸。朱家兄弟對此不屑一顧，反而覺得范仲淹自找苦吃，一次聽得不耐煩了，兄弟倆語帶嘲諷地說：「我們花的是朱家的錢，關你什麼事？」范仲淹聽了十分不解，覺得兄弟倆話中有話，便找人打聽緣由，一問之下才知道自己本是姑蘇范氏之子，父親過世後母親迫於生計才改嫁到朱家。這件事讓范仲淹深受刺激和震動，下決心脫離朱家獨立生活。於是，他匆匆收拾了幾樣簡單的衣物，佩上琴劍，不顧朱家和母親的阻攔，流著眼淚，毅然辭別母親，離開長山，獨自前往南京求學去了。

當時的南京是人煙稠密的大都會，天下名士匯聚，教育事業十分發達，應天府書院更是宋代著名的四大書院之一，聚集了許多才德兼備、文采風流的有志之士。到這樣的學院讀書，既有名師可以請教，又有許多同學互相切磋，還有大量的書籍可供閱覽，況且學院免費就學，更是令經濟拮据的范仲淹求之不得。

范仲淹入學後，十分珍惜這來之不易的讀書機會，比以前更加勤勉，經常是晝夜不停地苦讀。五年來幾乎未解衣就枕，好好地睡一覺。如果疲乏到了極點，他就起身用涼水澆臉，來驅除倦意。實在困倦得不行，他也只是趴在桌上小憩一會兒。和以前在朱家一樣，他的一日三餐還是那一鍋粥，平分成四塊，早晚各吃兩塊。而且，因為范仲淹脫離朱家，想自力更生，拒絕他們的經濟資助，日子比以前過得更加清苦。他的食物總是很不充裕，有時米粥不夠時，一日兩頓粥都得不到保證，只能一天喝一頓。對於一般人來說，這簡直是難以忍受的生活，范仲淹卻毫無怨言，從不叫苦連天，只是埋頭用心苦讀。

這種情況被他的一個同學，南京留守（南京的最高長官）的兒子看到了，同學非常敬佩他的為人，也同情他的處境，就回家告訴了父親，想讓父親幫幫忙。留守聽完之後，就派下人給范仲淹送去許多精緻可口的飯菜。可是，幾天過去了，食物都放壞了，仍然完整無缺地放在那裏，根本不見范仲淹嚐一口。那同學很詫異，有些惱怒，又有些不解地問：「我專程叫父親送了這許多飯菜給你，希望可以稍稍緩解你三餐不繼，整日吃白粥的困境。你為什麼毫不領情，根本就不吃呢？」范仲淹回答道：「我不是不感激你的厚意，只是我已習慣於粗茶淡飯了，這也是我能力所及，所能過的生活。如果現在貪圖享受，享用這麼豐盛的飯菜，把你的資助看作理所當然，忘了自己的處境，以後還能吃得下粥嗎？還能專心念書嗎？」同學聽了，對他更是敬佩，常在人前誇他有青雲之志和自我約束的意志力，將來必有一番作為。事實上，這番艱苦生活的磨練，使范仲淹後來始終能以清廉律己，關心人民疾苦，不忘「憂天下」的初志。皇天不負有心人，經過五年寒窗苦讀，范仲淹終於成為一個精通儒家經典，博學多才，又擅長詩文的人，在眾多學生中脫穎而出。

大中祥符七年（西元一〇一四年），迷信道教的宋真宗率領百官到亳州（今安徽亳縣）去朝拜太清宮。浩浩蕩蕩的車馬路過南京，整個城市為之沸騰，人們一個個爭先恐後地跑出去看皇帝，興奮不已。只有范仲淹閉門不出，對外面的一切置若罔聞，仍然埋頭讀書。有個和他要好的同學特地跑來叫他：「快去看，這是個千載難逢的機會，千萬不要錯過！錯過了，以後還不知道能不能見到皇帝呢。」范仲淹專心於他的書本，頭也不抬，只是隨口回了句：「將來再見也不晚啊！」就繼續聚精會神地讀他的書了。果然，第二年他就得中進士，見到了皇帝，日後更是成為北宋偉大的改革思想家，留下了「先天下之憂而憂，後天下之樂而樂」的千古名句，為後人傳誦。

觸類旁通

在儒家看來，君子之德在於安貧樂道，主要因為人們常常難以抵制物質金錢的誘惑，而做出有悖倫理道德的事情。因而，甘於清貧，不以布衣粗食為苦，才能自覺堅持道德修為，堅守高潔的人品情操。

范仲淹主動食粥苦學，不貪圖富貴享受，自覺培養憂患意識，以使自己在任何情況下都保持高尚自律、克己修身的品格。

劉廷式不棄盲妻

宋人劉廷式，原本是農家的孩子，隔壁老漢有一個女兒，早先與劉廷式訂有婚約。不久，他進入太學，經過了五年才考取進士。考取進士後，他回到家鄉，尋找從前住在隔壁的那位老漢，結果發現，那老漢早已去世，女兒也因病雙目失明，而且家運又衰竭不振，生活境況極其困苦。劉廷式派人去向他們申明從前的婚約，說想選擇吉日良辰要舉行婚禮，但女方家裏因女兒有病，極力推辭說：「我們家的小姐已經變成廢人了，那裏配得上大人您呢？」他們寧願繼續為別人耕地餬口，也不敢與士大夫攀親。

劉廷式堅決不同意，他說：「我既然早與她訂有婚約，哪裏能因爺爺去世、女子病殘就違背信諾，嫌棄不娶呢？」女方家見他態度極其誠懇，心裏既感動又敬服，於是將盲女嫁給了他。婚後，夫妻兩人感情非常和睦。劉廷式經常攙扶著妻子走路，對妻子事事照顧，體貼周到。

劉廷式調到高密去當官時，因事受到責罰，監司本來趕他走，因考慮到他對待妻子的德行便替他解脫了。後來盲女因病逝世，消息傳來，劉延式哀痛不已，哭得十分傷心。

當時蘇東坡在那裏任太守，跑去安慰劉廷式道：「我聽說悲哀是因為愛念才產生的，而愛念往往又是由於美色而引起的。你娶了盲女，愛念從何而生呢？」

劉廷式正色答道：「我只知道死去的是與我相伴數年的妻子，所哭的也只是妻子而已，早就忘記她是個盲人。如果因為美色而產生愛念，因為愛念而產生悲哀，當美色衰退時，愛念也就自然斷絕了，那我們孜孜以求、誠心信奉的情義怎麼能存在呢？照您這麼說，豈不是那些穿著華麗、年輕貌美的風塵女子都可以當妻子了？」

蘇東坡聽了，連連點頭，對劉廷式的為人十分感歎佩服，還專門寫了篇文章來讚揚他。

觸類旁通

古語有云，貧賤之交不可棄，糟糠之妻不下堂。對劉廷式而言，中進士得富貴，還能堅守婚約，在對方都自慚形穢的拒絕之下，仍然堅持迎娶盲女，並對妻子照顧有加，實在令那些攀龍附鳳之人汗顏。慎獨講究在任何情境下都要堅持自己認同的道義原則，不因環境、時間、情勢的改變而改弦易轍，劉廷式的行為顯然值得後人稱道。

戚景通不自欺

明代著名的軍事將領、抗倭英雄戚繼光的父親戚景通，是個嚴格約束自己、自律很嚴的人，他最出名的口頭禪就是：不自欺，不自害。

正德初年，宦官劉瑾獨攬大權，暗地裏圖謀造反，當時戚景通正在京師服役，他長得高大魁梧，為人一身正氣，加上武藝高強、長鬚飄飄，貌似關羽，在京師名氣很大，深受器重。劉瑾覺得戚景通是個可造之才，想藉機拉攏他，為自己的謀反大計效力，於是偷偷派人送給戚景通一頂席草編的大帽，和他約定：「如果你願意為劉公公效犬馬之勞，就戴上這頂帽子，劉公公擔保你榮華富貴享用不盡。從今天起，你就改名為劉景通吧。」戚景通一聽此話，心裏什麼都明白了，他深知宦官劉瑾絕非善類，心想：劉瑾肯定是已生叛逆之心，妄想坐上九五之尊之位，我堂堂忠臣良將，豈能懾於他的恐嚇、利誘，做出有損名節大義的事呢？思及此，戚景通毅然扔掉席帽，戴上自己的黃帽，整理行李，憤而返回老家安徽定遠。

不久，劉瑾謀叛事敗，被下令處死，他的黨羽全部伏誅，沒有一個有好下場。鄉人聽聞此事之後，紛紛稱讚戚景通明大義、識大體，不為名利、富貴所惑，不懼怕奸人的權勢，反而保全了自身。

戚景通在做江南運糧把總時，當時有個不成文的慣例，收糧往往有「羨餘」和「留籌」兩種行為。所謂「羨餘」，就是收糧時按額定數之外多收百分之幾，這多出來的部分，一些是上交官府，顯示政績，另一些則由官吏私吞，中飽私囊，文言叫「羨餘」，百姓稱之為「耗羨」。至於「留籌」，也稱作「害籌」，就是賣籌碼。百姓交糧入官倉時，如果買進官府出售的籌碼，可以用它來抵作糧食的數量，在繳納糧食時，可以少交一部分。

戚景通聽說後，堅決取締了「羨餘」，同時反對「留籌」。他告誡手下的官員說：「我戚景通一生不自欺、不自害，危害百姓的事我更是萬萬不做的。那『羨餘』是在變相地欺壓百姓，我不能做。『留籌』則是害公。如果在運糧的過程中或者在交糧時，糧食有損耗，就應該實事求是地上報，怎麼能千方百計地推卸責任呢？我寧願自己受到處罰，也絕對不願自欺欺人。」他同時規定，在把糧食交到官倉結算時，如有缺欠，負責的官吏要受降級處分。

當時有個姓張的千戶為了免罪，私下裏拿了三百兩銀子去賄賂戚景通，請求寬恕。戚景通笑道：「你的好意我心領了，但是恕我不能徇私枉法。我就是因為不想欺公家、欺百姓，才甘願領受朝廷的責罰，我現在怎麼能用三百兩銀子去買個『欺』字？」不過，張千戶把缺失的糧食調查清楚，及時補上後，戚景通又立即恢復了他的官職。

後來，戚景通任大寧都司，掌印時尚缺一個僉書，來安置內附的蒙古族人。戚景通見安榮處事精明，一向奉公守法、兢兢業業，就推薦了他。安榮當上僉書後，心裏十分感激，親自送來百兩銀子為戚景通祝壽。戚景通目光炯炯，直視著安榮道：「我是任人唯賢，絕無私心。如果你這樣做，那就說明我不是任用賢人，而是在引薦私人了。這不是反而有損我的名節嗎？你趕快拿走吧。」安榮聽後，十分慚愧，連忙告退。

戚景通不僅官場上為人剛正無私，就在日常生活中，也絕不容許奢侈浮華的事情發生。有一次，戚繼光穿著一雙繡有精美花卉的鞋子走過庭前，戚景通見了，立刻斥責道：「你這個小孩真不懂事，穿上這種鞋就想著要用錦衣緞褲來配，穿上一身錦緞又開始想著山珍海味，如此下去，欲望無窮無盡。再說了，自小就想著過奢華生活，長大如何成器？你父親一生清白、兩袖清風，必不能滿足你的欲望，只怕你將來會貪贓枉法、胡作非為。」妻子在一旁見到繼光委屈的表情，連忙解釋說：「這是姥姥送來的鞋，她老人家一番心意，總不好拒絕吧。」戚景通仍然堅持將鞋上精美的繡花撕去，邊撕邊語重心長地說：「孩子還小，不能寵壞他們，要讓他們自小就懂得艱苦樸素。」從此之後，戚繼光再也沒穿過這種繡工精細的鞋了。

就連修葺百年家宅時，戚景通也一再囑咐家人不可鋪張。工匠們建議將正房、廂房的窗戶都改作鏤空花格。戚景通一笑拒絕：「我戚家世代居住此地，以勤儉節約為訓，祖祖輩輩沒有不遵守的，如果將家宅翻修得如此豪華，恐怕會惹怒先祖吧。而且，我的子女長大後效仿這種鋪張的行為，難保將來不敗家啊！」工匠們聽後連連點頭，直讚歎戚景通為人清廉自律。

戚景通臨終前，家人按照鄉俗，把錢幣裝入他的口袋，他一邊艱難地呼吸，一邊圓瞪雙目，喝止道：「我平生光明磊落，不受人錢財，也從不給人遞紅包。閻王老爺目光如炬、執法無私，也不會接受這種賄賂，你們快拿走。」看著錢幣全部被取出，他才長舒一口氣，安然而逝。

觸類旁通

戚景通一生的行為頗有點和金錢、和安逸的生活作對的味道，他的有些行為甚至看來有些固執得可笑。可是他一生都在遵循和實踐一個最基本的原則：做個坦坦蕩蕩、不貪慕榮華富貴的人。他一生都在嚴格要求自己做到這一點。我們講慎獨，強調的就是對信念、對道德、對原則不能有絲毫的放鬆，從這個意義上說，戚景通的執著正是他可愛和偉大之處。如果我們也能拿出這種執著來實踐我們的道德原則，我想，我們一定無往而不勝。

葉存仁不畏人知畏己知

雍正年間，葉存仁先後在淮陽、浙江、安徽、河南等地為官三十多年，甘於淡泊，毫不苟取。不僅是個「造福四方」的好官，而且是個「兩袖清風」的清官，一塵不染，在地方上口碑甚佳。

有一次，存仁即將從地方調任省督。他的幕僚們都覺得這位官長平素總是對自己嚴苛過度，這次他即將離開，就算是老友相送，總會稍有寬鬆吧。他們雖然不在葉存仁手下當職，但是將來又怎麼保得準，不會有求於這位昔日的直系上司、今日的封疆大吏呢？再說，這麼多年來，葉存仁也是一位對部屬關心得無微不至的好長官，他們很希望能略微表示一下自己的心意。於是，葉存仁的幕僚們就在他要離任出發到任職地時，自發派船給他送行，卻在暗中吩咐船家，無論如何也要將葉存仁的行期從正午延遲到晚上。

毫不知情的葉存仁，雖然一向嚴於律己，但也不好推卻和自己一起甘苦過的老部下們並不越制的好意。在他就要啟程的那天，曾經的幕僚們都來與他依依話別，大家東說西扯，就已經過了原來預定的出發時間。葉存仁也沒想很多，既然大家都這樣情深意重，自己又何必吝惜這一時半會兒的行程時間呢。可是，當他好不容易送走了一眾部屬，可是船家還是遲遲不肯起錨。他命人催促了很多次，每次船家都有各種各樣的理由推託，或是說風向不對，或是說船槳出了些小小問題。船隻遲遲不啟程，葉存仁好生納悶，可是也毫無辦法。就這樣等呀等呀，直到明月高掛，才見又從岸邊划來一葉小舟。

船上來的，就是白天久久不願離去的幕僚們的代表，而船上裝的就是僚屬為感謝他多年的關心、照顧，要贈送給他的禮品。他們以為葉存仁平時不收受禮物，是怕別人知曉惹出麻煩。而此刻夜深人靜，四周無人，是個最好的表示機會，於是特地在深夜用小船滿載禮物相贈，葉存仁也會在這種「神不知、鬼不覺」情形下，盛情難卻地收下他們的「心意」。用心可謂良苦。

葉存仁看到此番情景，十分感慨。怎麼說也是跟隨自己多年的老部屬，他又怎麼忍心在即將離開的時候，重加斥責呢？於是，他命人先將小舟阻擋住，不准上面的禮物上得大船來。然後叫人取來文房四寶，當即賦詩一首，這樣寫道：「月白風清夜半時，扁舟相送故遲遲。感君情重還君贈，不畏人知畏己知。」寫完了，他這首詩交給前來饋贈禮物的幕僚，拍拍他的肩頭，沒有多說什麼，只是讓他快登上小舟，回去吧。然後，就下令大船不顧黑夜行船危險，起錨揚帆而去。那位部屬，拿著葉存仁的題詩，心中敬佩，滿面羞愧地返回了岸邊。

觸類旁通

葉存仁能在幾乎可以說是「天知地知、你知我知」「極為方便」的情形下，婉拒僚屬的禮物，這是一種恪守慎獨的美德。《禮記・中庸》中說：「君子慎其獨也」，即君子在獨處時也能謹慎不苟，不踰越道德原則。這是古代君子在道德修養方面一種較高的境界。

同樣地，慎獨在當代仍是我們加強自身道德修養的重要準則，只有在無人監督的情況下，仍堅持自己的道德信念，自我監督、自我約束，自覺地遵照道德原則和規範行事，才算得上真正的高尚之人。

杜越正心克己

杜越曾是河北定興縣秀才，他年輕時拜鹿善繼為師。鹿老師對他的人品、學品十分讚賞，覺得他遠遠高出他人，於是給他起了個別名「君異」。杜越自小家庭貧寒，常常穿著破舊的布衣，一日三頓全是清淡的蔬菜，他絲毫不在意過這種清苦的日子。他靠教書維持生計時，就經常這樣教育他的學生說：「人的一生應該超越庸庸碌碌的境界，要有正確的理想、高尚的精神，要自覺抵制世俗那些庸俗、功利的思想，同時要尊老愛幼，時刻在義利問題上保持警醒，絕不能放任自己隨波逐流。」他言行一致，既是這樣教育學生，也是這樣約束自己，絲毫不敢懈怠；所以，一些有名的學者也來拜見他，希望以他為師。

有一次杜越過生日，有個學生知道了，連忙拿了一匹上好的絲絹前來拜壽。杜越婉言謝絕道：「我知道你尊師重道，這份心意我收下了，但我不能接受這麼華貴的禮物啊。我既然已經收了你應交的學費，就不應該讓你花費多餘的錢。教書育人是我職責所在，我怎敢因此居功自得呢？所謂

『臨財勿苟得』，我實在不能心安理得地接受這額外的報酬。這不僅不能讓我添壽，反而會讓我折壽的。」學生見老師如此堅持，只好收回禮物。許多學生和家長聽說此事之後，對杜越更加敬服推崇，稱他為真正的「有德之士」。

明朝天啟年間，楊漣、左光斗、魏大中等大臣因為上疏直諫，指責宦官魏忠賢專權跋扈，擾亂朝綱，被魏黨逮捕入獄，備受折磨。與此同時，魏黨還下令大肆搜捕、迫害與這些大臣交往密切的人。一時朝野震動，大臣們懾於魏忠賢的淫威，一個個如驚弓之鳥，噤聲不語。這時，只有杜越不畏強權、不懼危險，挺身而出，倡議同仁們集資，為下獄的忠義之士贖罪。同時，他又不顧自身安危，將朝廷下令追緝的兩位反魏黨的志士藏在自家夾壁牆中，使他們得以安然脫險。

清初，他遷居到新安，與學生們一起到群眾中去做移風易俗的宣導，試圖重新以儒家的倫理道德拯救日益淪落的人心。在他堅持不懈的努力下，新安風俗煥然一新。

康熙十八年（一六七九年），清朝第一次設置博學鴻詞科，很多大臣薦舉他參加殿試。他認為這是清朝籠絡漢人，藉口年老多病不去應試。因為他名聲高，影響力大，在百姓和士人之中享有極高的聲望，康熙帝下旨授予他「內閣中書」的頭銜，他毫不為意，從來不在乎這一頭銜可能帶給他的高官厚祿和優裕生活，堅持自己的生活方式。就連大學者王士幀也稱讚他堪與北宋哲學家邵雍相媲美，一生不皺眉頭，樂觀無憂。

杜越的一生可以說就是正心克己的一生，是堅持高尚的道德情操，以不屈的行為實踐儒家理想的一生。

觸類旁通

俗話說得好，做好事不難，難的是一輩子都做好事，不做壞事。杜越的一生無疑值得我們尊敬，他一生都在實踐高尚的道德原則，無論大小事宜、無論是否有生命危險，他都毫不猶豫，奮然前往，絕不肯屈服於任何的阻力。如此，才稱得上真正的慎獨之人，真正的有德之人。

慎獨精神裏最重要的一點就是無論身處何種環境、無論經歷多長的歲月，都不能有絲毫的懈怠，絕不能放棄道德理想。杜越以自己一生漫長而複雜的際遇為這一精神做了精彩的注解。如今我們重提慎獨，目的也在於重新推崇這種十年如一日，堅持理想、節操的高貴精神。

孫嘉淦為官八約自戒

清朝初期，由於統治者採取許多緩和民族衝突和階級衝突的政策，形成政治清明、社會安定、生產發展、太平興盛的景象，被人們稱為「康乾盛世」。在這一時期，出了許多有名的文臣，歷任康熙、雍正、乾隆三朝的孫嘉淦，就是其中的一位。

孫嘉淦，字錫公，清山西興縣人。他自幼家貧，但好學不倦，白天到田間務農，晚上刻苦讀書。康熙五十二年，即西元一七一三年，他考中進士，被授予翰林院檢討的職位，從此走上仕途。孫嘉淦走上仕途後，以居官清廉、克己修身、直言敢諫而聞名。

西元一七二二年，雍親王即帝位後，下令讓文武百官上書議論朝政。孫嘉淦在上書中，針對雍正殘酷殺害親兄弟，對西北連年用兵、加重百姓賦稅等事情，毫不留情，一針見血地指出應該「親骨肉、停捐納、罷西兵」。雍正見了孫嘉沒的上書大怒，說：「翰林院之中竟有這樣的狂徒。」大學士朱軾在一旁勸道：「孫嘉淦雖然狂妄無知，但是我很佩服他的膽量。」雍正沉默了一會兒，然後笑著說：「這種膽識，我也很佩服。」於是雍正下令，擢升孫嘉淦為國子監司業。以後孫嘉淦又連續升遷，官至刑部侍郎兼吏部侍郎。

就在他官運亨通之時，有一次因為得罪雍正皇帝，被治罪關到獄中，後又貶官到戶部銀庫當一名小會計。孫嘉淦被貶為會計後，毫不屈節喪志，而是兢兢業業，勤於職守、公正持重，與手下庫卒甘苦與共。戶部尚書果親王允禮，聽別人中傷孫嘉淦，說他被貶到銀庫後，仍然大擺大臣的架子，盛氣凌人，而且還接受別人的賄賂，允禮於是親自帶人到銀庫去檢查，一看完全不是那麼回事，孫嘉淦正與銀庫的吏卒們一起幹活。允禮問孫嘉淦有沒有接受別人的賄賂，孫嘉淦把允禮帶到一間房裏，別人送的賄賂都在這裏，孫嘉淦絲毫未動。允禮很受感動，就如實報告給雍正皇帝，雍正下令恢復孫嘉淦的官職，任命他為河東鹽政。

雍正十三年，雍正去世，乾隆皇帝即位。孫嘉淦見乾隆年輕，只有二十五歲，恐怕他不能治理好國家，便上著名的〈三習一弊疏〉。〈三習一弊疏〉的中心思想，是要求皇帝修身、治人、治國之時，首先就要注意治己，克服在用人、辦事等方面偏執頑固，以自己的喜好決定事情的毛病。

在奏章中，孫嘉淦總結歷史經驗，把皇帝常犯的毛病概括為「三習」，即：耳習、目習、心習。所謂耳習，是指皇帝有至高無上的權威，每出一言發一令，聽到的稱頌之聲遠多於針砭之詞，如果做皇上的過於習慣臣民的頌揚之詞，就會聽不進忠貞正直之言。所謂目習，是指皇帝所看到的，都是對自己的順從和千依百順的臣子，長此下去皇帝就會習慣於大臣們的恭順，而容不得任何不順從。所謂心習，是指皇帝由於自己的一切要求都能照辦，久而久之，使得皇帝驕慢之心漸起，只喜歡阿諛奉承，絕對順從，而不喜歡哪怕稍微的違逆。這三習既成，就生一弊，這一弊就是寵愛任用諂媚奉承的小人，而疏遠耿直中正的忠臣，即「喜小人而厭君子」。皇帝為小人所包圍，國事難免混亂，勢必危及國家。

孫嘉淦在奏疏中還分析了造成「三習」的原因，是皇帝自以為是、剛愎自用，因此皇帝應能夠聽取不同意見，善於明辨忠奸，採納正確意見，從而治理好國家。孫嘉淦的這份奏疏，深受乾隆和朝中大臣的稱讚，也深受後人的褒揚。

孫嘉淦以後曾任刑部尚書、工部尚書、直隸總督、兩廣總督等職，在數十年的官宦生涯中，他以「居官八約」為戒，奉公守法，廉潔自守。孫嘉淦的「居官八約」是：「事君篤而不顯，與人共而不驕，勢避其所爭，功藏於無名，事止於能去，言礎其無用，自守獨避人，以清爽攝取。」意思是：對君主忠誠而不自我炫耀；與同僚共處謙恭而不驕傲自大，不爭權奪勢，不追求功名；辦事只限於除去弊端；說話刪去無用的詞句；不結交權貴和結黨營私；生活力求簡樸以保持廉潔。

孫嘉淦在歷任各種重要官職的時候，都以這八約嚴於律己，為官清正，力除弊政，為百姓辦了一些好事。他處處為民著想，對收受賄賂的行為深惡痛絕，不但自己完全杜絕，對自己的下屬也嚴格要求。因而，孫嘉淦的官威聲望都十分好，直至去世，除了惡言中傷的，孫嘉淦在自守自制上，從沒落人口實。

乾隆十七年，孫嘉淦調任為吏部尚書、協辦大學士，第二年因病去世，享年七十一歲。孫嘉淦死後，乾隆皇帝諡號文定。

觸類旁通

直言敢諫，在一口眾聲的頌揚中，甘願冒丟掉性命的危險，說出自己為堅持儒者應有的道德操行而言的意見，這是為人臣者最難得的品性，也是為人修德中最難踰越的關鑑。畢竟無論是身在上位者，還是普通人，忠言逆耳是必然的事實。在眾人為趨利避害而一致大談違心之言時，能不為這樣的趨勢所動，堅持自己的操守，也是儒家修養中慎獨的重要內容。

更多書籍介紹、活動訊息，請上網搜尋 拾筆客

What's Knowledge
越古老越美好：原來，通向成功的捷徑是複製

作　　者：許汝紘暨編輯企劃小組　編著
封面設計：陳芷柔
總 編 輯：許汝紘
美術編輯：陳芷柔
編　　輯：孫中文
行　　銷：郭廷溢
發　　行：許麗雪
總　　監：黃可家
出　　版：信實文化行銷有限公司
地　　址：台北市松山區南京東路5段64號8樓之1
電　　話：（02）2749-1282
傳　　真：（02）3393-0564
網　　站：www.cultuspeak.com
讀者信箱：service@cultuspeak.com

印　　刷：上海印刷廠股份有限公司
總 經 銷：聯合發行股份有限公司
香港總經銷：聯合出版有限公司

2017 年 8 月 初版
定價：新台幣 350 元

國家圖書館出版品預行編目（CIP）資料

越古老越美好：原來,通向成功的捷徑是複製 / 許汝紘暨編輯企劃小組著. -- 初版. -- 臺北市：信實文化行銷, 2017.08

面；　公分. -- (What's knowledge)

ISBN 978-986-93548-2-0(平裝)

1.修身 2.通俗作品

192.1　　106011602